I love Vietnam Reiseführer

von

S. L. Giger als *SwissMiss on Tour*

"Mir fällt nichts anderes ein, was die kindliche Neugierde mehr weckt, als in einem Land zu sein, in welchem man fast nichts versteht. Plötzlich bist du wieder fünf Jahre alt. Du kannst nichts lesen, du verstehst nur sehr rudimentär, wie die Dinge funktionieren, du kannst keine Straße überqueren, ohne dich in Lebensgefahr zu bringen. Deine ganze Existenz wird eine Abfolge von interessanten Vermutungen."
- Bill Bryson

ISBN: 9781089815310

 Im Selbstverlag herausgegeben. Kontaktperson:
Seraina Giger c/o Imbach / Kolbenacker 30/ 8052 Zürich
swissmissstories@gmail.com
Umschlaggestaltung: Germancreative von Fiverr
Bild: www.depositphotos.com
Gedruckt von Amazon

Erhalte eine gratis Packliste

Vergesse nie wieder etwas Wichtiges und verschwende keine Zeit mit Packen. Lese lieber noch mehr gute Tipps über deine Destination! Sende eine E-Mail mit dem Betreff: **Packliste**, um eine gratis Packliste zu erhalten. Zusätzlich bekommst du noch die Highlights aus meinem Thailand Reiseführer.

Schicke die E-Mail an: swissmissstories@gmail.com und du erhältst dein Geschenk.

Inhalt

1 Eine kurze Übersicht über Vietnam und nützliche Reisehinweise

Vietnam hat ungefähr 95 Millionen Einwohner. Die Hauptstadt Vietnams ist Hanoi, aber die bevölkerungsreichste Stadt ist Ho-Chi-Minh-Stadt, im Süden von Vietnam.
Es grenzt im Norden an China und im Westen an Laos und Kambodscha. Dies macht es einfach, per Bus die Grenze in ein Nachbarland zu überqueren. Die Fahrt dauert jedoch 11 bis 24 Stunden, je nachdem, in welches Land du reisen möchtest.

Vietnam ist eine sozialistische Republik und bleibt somit ein kommunistischer Staat in Südostasien (der einzige andere ist Laos). Die Wirtschaftspolitik wird jedoch zunehmend kapitalistisch.

Vietnam ist einerseits durch die vergangene Kolonialherrschaft von Frankreich und andererseits durch einige Kriege geprägt. Die größten Auswirkungen auf das Land hatte der Erste Indochina-Krieg, der 1945 nach der Unabhängigkeitserklärung gegenüber Frankreich begann und 1954 mit dem Sieg Vietnams endete. Dies war auch der Beginn des nächsten berühmten Krieges, da das Land in zwei rivalisierende Regionen aufgeteilt war: den kommunistischen Norden und den antikommunistischen Süden. Die USA unterstützten den Süden, jedoch siegte 1975 der Norden und Vietnam wurde unter kommunistischer Führung wiedervereinigt. Noch heute können wir Erinnerungen an diese Zeit besichtigen, wie zum Beispiel Denkmäler, Bunker oder wunderschöne Architektur im französischen Kolonialstil. Eine weitere Hinterlassenschaft des Vietnamkrieges sind leider die Chemikalien von Agent

Orange. Diese verursachen bei den Einwohnern immer noch Geburtsschäden und viele Gesundheitsprobleme, insbesondere in den südlichen und zentralen Gebieten. 2012 haben die USA ein Sanierungsprojekt in den ehemaligen Chemielagerbereichen gestartet. Wir können nur hoffen, dass die Umwelt und das Wasser in Vietnam eine gesündere Zukunft haben werden.

In Bezug auf die Religion sind über 40% der Bevölkerung Vietnams Anhänger der vietnamesischen indigenen Religion, in der die Menschen zu lokalen Göttern und Geistern beten. Die zweitgrößte Religion in Vietnam ist der Buddhismus. Rund 12% der Bevölkerung sind Buddhisten.

1.1 Die Währung

Der **vietnamesische Dong** ist die Währung von Vietnam. Du kannst den aktuellen Wechselkurs finden, indem du „EUR zu VND" in Google eingibst. Zum Zeitpunkt des Schreibens dieses Buches entsprach 1 EUR 25'900 VND.

Da die Fotos hier leider schwarz-weiß gedruckt werden, sende ich dir gerne das E-Book gratis zu, denn da sind die Fotos farbig. Schreibe mir einfach eine E-Mail.

1.2 Das Visum

Die meisten Länder benötigen ein Visum, um Vietnam zu besuchen. Wenn du es über eine Online-Agentur beantragst, wird es etwa 80 US-Dollar kosten. Wenn du hingegen über den untenstehenden Link ein „Visa upon arrival" beantragst, wird es insgesamt ca. 45 USD kosten. Schau dir diese Webseite an: www.myvietnamvisa.com/which-countries-are-eligible-vietnam-visa-arrival.html, um zu sehen, ob dein Land für ein „visa upon arrival" berechtigt ist. Möglicherweise benötigst du sogar überhaupt kein Visum. Großbritannien und Deutschland stehen beispielsweise auf der Ausnahmeliste von 2019. Diese Bürger können sich 15 Tage lang ohne Visum in Vietnam aufhalten. Die anderen Nationen müssen eine Einreisegenehmigung für etwa 17 US-Dollar auf vietnamvisa.govt.vn/ erwerben. Diese Erlaubnis musst du dann zum Flughafen bringen. Sonst lassen sie dich nicht einmal ins Flugzeug einsteigen. Wenn du in Vietnam angekommen bist, musst du dich (außer du kommst aus einem Land, das gar kein Visum braucht) in die Schlange vor dem Visa-Schalter stellen, bevor du über den Zoll gehst. Du musst die Einreisegenehmigung, deinen Reisepass und ein Passfoto bereithalten. Es kostet weitere 25 US-Dollar (die du in der Landeswährung oder in US-Dollar bezahlen kannst), um das Visum zu erhalten. Etwa 30 Minuten später wirst du deinen Pass mit dem Visum zurückerhalten und kannst nun in die Schlange für den Zoll stehen.

1.3 Busfahrten

Am häufigsten Reisen Rucksacktouristen in Vietnam per Nachtbus von A nach B, um Zeit zu sparen. Zudem braucht man für jene Nacht auch keine Unterkunft. Du solltest dich dabei einfach an die verrückte Fahrweise gewöhnen und Ohrstöpsel mitnehmen, um das ständige Hupen etwas abzudämpfen.

Die Innenausstattung der Busse habe ich in Europa so noch nie gesehen. Anstatt vier Sitze in einer Reihe hat es Doppelstockbetten in drei Reihen. Man fährt also liegend. Der Beinbereich ist flach nach vorne gestreckt und die Füße werden unter das Kopfteil vom Vordersitz gestreckt. Wenn du nicht größer bist als 173 cm, kannst du dich ganz ausstrecken. Der obere Teil des Sitzes kann auch in eine etwas senkrechtere Position gebracht werden. Die Sitze bieten allerdings nur wenig Platz. Bringe daher wirklich nur eine Flasche Wasser und deine Wertsachen mit in den Bus. Keiner unserer Rucksäcke/Koffer wurde aus dem Stauraum unter dem Bus gestohlen und ich habe auch keine schlechten Geschichten von anderen Reisenden gehört.

Es ist normal, dass du im Bus keine Schuhe tragen darfst. Diese musst du, jedes Mal, wenn du den Bus betrittst, in eine Plastiktüte stecken. Du teilst also den winzigen Platz, den du hast, auch noch mit deinen Schuhen.

Um einen guten Sitz im Bus zu bekommen, solltest du dir eine andere Person suchen, welche die Koffer abgibt, während du dich anstellst, um in den Bus einzusteigen und Plätze zu reservieren. Ich würde nicht ganz hinten sein wollen, wo 4 Leute Haut an Haut nebeneinander liegen, oder vorne, wo das Hupen extrem laut ist.

Die Unterkünfte buchen gerne eine Busfahrt für dich. Du kannst jedoch auch direkt zu einem Busunternehmen fahren, sodass du keine Provision zahlen musst. Jede Fahrt mit dem Nachtbus kostete für uns normalerweise 10 USD pro Person. Du kannst Geld sparen, indem du zu Beginn deiner Reise einen Hop-On-Hop-Off-Bus Pass kaufst. Du kannst ihn in allen größeren Städten kaufen, indem du in ein Reisebüro oder zu einer Busgesellschaft gehst. Die meisten Touristenattraktionen befinden sich entlang der Hop-On-Hop-Off-Buslinie. Das ist viel billiger, als wenn du jedes Ticket einzeln kaufst (8 Stopps werden zum Beispiel ungefähr $35 kosten).

1.4 Züge

Es gibt nicht in allen touristischen Orten Bahnhöfe und Züge kosten immer etwa das Dreifache des Preises eines Nachtbusses. Wahrscheinlich sind sie jedoch viel bequemer und man wird einen sanfteren Schlaf haben.

In Thailand bin ich sehr gerne mit den Nachtzügen gefahren.
Auf www.seat61.com/Vietnam.htm#.V687vzUUJ_k findest du allgemeine Informationen zu Zugreisen in Vietnam und auf **dsvn.vn** kannst du sehen, wie viel die Tickets kosten und welche noch verfügbar sind. Der Zug kann dann jedoch nur mit einer vietnamesischen Kreditkarte oder direkt am Bahnhof gebucht werden.

1.5 Geldautomaten

Wir hatten nie Schwierigkeiten, einen Geldautomaten zu finden. Allerdings funktionieren nicht alle Karten an allen Geldautomaten. Dabei gilt es, die Nerven nicht zu verlieren und einfach ein paar auszuprobieren, um herauszufinden, welche Bank mit deiner Karte funktioniert. Die Limite für einen Geldbezug beträgt normalerweise 2 oder 3 Millionen VND (90-150 US-Dollar) und es wurde uns eine Gebühr von 35.000 VND pro Transaktion verrechnet.

1.6 Sprache

Ich finde es extrem schwierig, vietnamesische Wörter richtig auszusprechen. In den touristischen Gebieten findest du jedoch immer jemanden, der mindestens ein begrenztes Englisch spricht. Zudem findest du am Ende dieses Reiseführers eine Tabelle mit den wichtigsten Worten auf Vietnamesisch.

1.7 Einige Worte der Kritik am Tourismus in Vietnam

Falls dies nicht der erste Reiseführer ist, den du von mir liest, weißt du, dass ich gerne reise. An so vielen Orten auf dieser Welt findet man wundervolle Plätze und oft möchte ich an diese Orte zurückkehren. Das bringt mich dann in das Dilemma, mich entscheiden zu müssen, ob ich mir Zeit für ein neues Reiseziel nehme oder ob ich in ein Land zurückkehre, in welches ich mich verliebt habe.

Vietnam hat diese Entscheidung etwas erleichtert, da weder mein Freund noch ich Fans von Vietnam wurden. Ja, es gibt auch in Vietnam atemberaubend schöne Orte. Es scheint jedoch für viele Menschen, insbesondere für chinesische Touristen, eher ein Land zu sein, in dem man eine Sehenswürdigkeit nach der anderen abhakt. Die Touristen kommen in Massen und hinterlassen Müllberge.
Wir schüttelten mehrmals angewidert den Kopf, weil die Eltern ihren Kindern tatsächlich rieten, den Müll auf den Boden zu werfen, anstatt ihn aufzubewahren, bis sie den nächsten Mülleimer finden. Der Schaden war sichtbar mit all dem herumliegenden Plastik und mit dem schmutzigen Wasser, das wir überall antrafen (außer in Nha Trang). Da ich gerne schwimme, war das für mich besonders schwer.

An einem Strand zu sein, aber nicht ins Wasser gehen zu können, weil jeder, der reinging, einen Ausschlag bekam, ist einfach nicht das, was ich mir für irgendjemanden in den Ferien wünsche.

Diese Nachteile werfen einen kleinen Schatten auf die Schönheit der vietnamesischen Natur. Ich hoffe sehr, dass die Regierung erkannt hat, was der Über-Tourismus ihrem Land antut und dass sie einen besseren Weg finden, die Touristen willkommen zu heißen. Möglicherweise sind Kampagnen zur Müllentsorgung erforderlich und Methoden, um das Wasser sauber zu halten.

Ich hoffe, dass sie bald einen Weg zum nachhaltigen Tourismus finden, damit wir in Zukunft Vietnam genießen können, ohne dabei auf Müllberge zu stoßen oder vom Wasser krank zu werden. Das beginnt natürlich auch mit unserem eigenen Verhalten als Tourist. → „Nimm nur Erinnerungen nach Hause und hinterlasse nur Fußabdrücke."

Zum Schluss noch eine gute Nachricht: Wenn du Motorrad (oder Scooter) fahren kannst, kannst du den üblichen Touristenpfaden Vietnams entfliehen und durch das wundervolle Hinterland fahren. Wenn du in dem verrückten Verkehr, der manchmal herrscht, vorsichtig bist, kannst du ein einmaliges Erlebnis haben, während du die Natur Vietnams vom Motorrad aus siehst. Falls du nicht selbst fahren kannst, gibt es die Möglichkeit, eine Easy Rider Tour (vietnameasyridertours.com/pages/motorbike-tours.html) zu buchen, wobei du hinter einem Fahrer durch Vietnam cruisen wirst.

2 Zweieinhalb Wochen in Vietnam – Die perfekte Reiseroute

Vietnam bietet eine üppige und wunderschöne Natur mit Reisfeldern, großen Karstfelsen und natürlich einem der Naturwunder der Welt; Halong Bay. Du wirst gute Pho (Nudelsuppe) und Frühlingsrollen essen und überall kannst du eine Mahlzeit oder einen Snack direkt von einem Straßenhändler kaufen.

Tag 1: Ankunft in Hanoi

Mache es dir bequem und gewöhne dich an die Hitze und Feuchtigkeit. Bummle durch die Gegend in der Nähe deines Hotels und genieße ein erfrischendes Getränk oder deinen ersten, köstlichen vietnamesischen Kaffee.

Tag 2: Sightseeing und Massage in Hanoi

Besuche die verschiedenen Sehenswürdigkeiten dieser Stadt. Am Ende des Tages entspannst du dich bei einer lokalen Massage.

Tag 3-5: Ausflug nach Mai Chau oder Sapa

Wir haben uns für Mai Chau entschieden, weil es weniger touristisch ist als Sapa. Es war eine wundervolle Zeit in dieser wunderschönen Umgebung von grünen Reisterrassen. Du solltest mindestens 3 Tage dort verbringen, um die Natur zu genießen und die Reisfelder, Seen und Wasserfälle zu besuchen. Mein Highlight war ein ganztägiger Ausflug mit dem Scooter.

Am 5. Tag kehrst du zurück nach Hanoi, um in einem Hotel in der Stadt zu übernachten.

Tag 6-8: Halong Bay

Buche eine Tour in dieser atemberaubenden Umgebung und stelle sicher, dass Amazing Cave und Lan Ha Bay im Paket enthalten sind. Wir buchten bei **Golden Sun Cruises** und waren mit der Erfahrung zufrieden. Die Umgebung war spektakulär. Das Wasser war jedoch sehr schmutzig und wir hatten Ausschläge, nachdem wir nur ein paar Minuten geschwommen waren. Daher würde ich je nach Verhältnissen empfehlen, die Aussicht nur mit den Augen zu genießen und nicht im Wasser zu schwimmen.

Fahre am 8. Tag weiter nach Ninh Binh / Tam Coc und übernachte dort.

Tag 9: Erkunde Ninh Binh und Tam Coc

Unternehme eine Wanderung zu den Pagoden in Tam Coc und mache eine Bootsfahrt durch Höhlen und zwischen den wunderschönen Felsformationen. Du kannst leicht alle Aktivitäten an einem Tag erledigen. Dann kannst du den Nachtbus nach Phong Nah nehmen.

Tag 10: Phong Nah Ke Bang

Miete einen Roller und genieße die Landschaft in Phong Nah Ke Bang. Besuche die Höhlen deiner Wahl und schwimme in sauberen, erfrischenden Flüssen.

Nimm den Bus nach Hoi An. Während unseres Besuchs fuhr der einzige verfügbare Bus nach Süden um 4.30 Uhr in der Nacht.

Tag 11 und 12: Hoi An

Entspanne am Strand von Hoi An und lass dir in einem der Geschäfte ein maßgeschneidertes Kleid zaubern. Wenn du dir Zeit lässt, um zu entscheiden, was du willst, musst du vielleicht sogar 3 Tage hier verbringen, was sich leicht mit einem entspannten Aufenthalt in Cafés füllen lässt.

Danach nimmst du einen Nachtbus nach Nha Trang.

Tag 13 und 14: Nha Trang

Nha Trang ist der beste Ort, um alle Arten von Schönheitsbehandlungen zu genießen, mit den Kindern Spaß auf der Insel Vinpearl zu haben (oder auch als Erwachsene) und Souvenirs zu kaufen. Natürlich ist es auch großartig, um am Strand zu entspannen und schwimmen zu gehen. Dies war der sauberste Ort zum Schwimmen während unserer Reise.

Nimm danach einen Nachtbus zum nächsten Ziel (zum Beispiel einen direkten Nachtbus nach HCMC). Wenn du jedoch noch Zeit hast, solltest du nach **Mui Ne** fahren und die Sanddünen besuchen. Wenn man dort gerade auf sauberes Wasser trifft, ist der Ort unglaublich schön. Sei vorsichtig, falls du in Mui Ne mit dem Roller fährst. Die Polizei mag es, Touristen für nichts zu bestrafen.

Oder nimm den Bus nach **Da Lat**. Dort herrscht das ganze Jahr über ein angenehmes Klima und du kannst dir die Kaffeeplantagen und Wasserfälle anschauen. Für jede Destination benötigst du einen oder zwei zusätzliche Tage.

Tag 15 und 16: Ho Chi Minh City

Mir gefiel Saigon nicht so sehr und daher würde ich vorschlagen, dass du nach einem Tag abfliegst oder am zweiten Tag eine Tour ins Mekong-Delta unternimmst. Die Cu-Chi-Tunnel sind auch interessant und auch dafür braucht man ohne geführte Tour einen ganzen Tag.

Nun bist du am Ende deiner Vietnamreise angekommen und fährst entweder an den Flughafen oder evtl. mit einem Bus nach Kambodscha?

3 Hanoi

Hanoi ist seit 1945 Vietnams Hauptstadt und war es auch bereits für ca. tausend Jahre vor 1802. Nach 1802 zog die Hauptstadt nach Hue. Viele politische Führer und Dynastien haben Hanoi geprägt. Deshalb findest du interessante, kulturhistorische Denkmäler und schöne Kolonialbauten aus der französischen Kolonialzeit nach 1888.
Es ist eine geschäftige Stadt und die Straßen sind voller hupender Autos und Motorroller. An den beiden Seen von Hanoi kannst du jedoch auch Ruhe finden.

3.1 Vom Flughafen in die Innenstadt

Wenn du ein „Visa upon arrival" hast, darfst du nicht vergessen, das Visum am Schalter hinten in der Ankunftshalle abzuholen, bevor du dich anstellst, um über den Zoll zu kommen.

Der internationale Flughafen von Hanoi ist sehr klein und daher ist es einfach, jemanden am Ausgang zu treffen. Es gibt mehrere Geldautomaten und ein Restaurant.
Die billigste Option, um in die Innenstadt zu gelangen, ist der **Bus Nr. 17**, aber da dies sehr lange dauern kann, entschieden wir uns für ein Minibus-Taxi. Halte nach den Jungs in den gelben Hemden Ausschau, denn sie bringen dich für 2 bis 3 Dollar zu deinem Hotel.

3.2 Wie man die Straßen in Hanoi überlebt und 11 tolle Aktivitäten

Du wirst merken, dass du in Vietnam gelandet bist, wenn die Straßen von Hanoi dich mit einem Hupkonzert begrüßen…

Wie man nicht von einem Roller angefahren wird

Wenn du wartest, um die Straße zu überqueren, bis ein Auto anhält, wirst du ewig warten. Die allgemeine Regel scheint zu sein, sich nur langsam zu bewegen und immer zur nächsten freien Lücke vorzuschreiten. Die Straßen sind sehr chaotisch und Motorroller und Autos kommen von allen Seiten und bewegen sich in alle Richtungen. Ich habe gesehen, wie zwei Fußgänger auf dem Gehsteig von einem Roller angefahren wurden, weil der Fahrer am Telefon war. Daher solltest du, auch wenn du ganz normal herumspazierst, immer mal wieder einen Blick hinter dich werfen, was von dort noch so alles angerollt kommt. Ich begann die Straßengesetze der Schweiz wirklich zu schätzen.

Nun zu den schöneren Dingen im Leben: Was kann man in Hanoi alles unternehmen?

1 Esse Street Food

Alles, was wir gegessen haben, war einfach lecker! Wenn du gerade angekommen bist und dir Sorgen um deinen Magen machst, sollte dich das nicht davon abhalten, den wahren Geschmack Vietnams kennenzulernen. Du wirst deine besten Mahlzeiten auf winzigen Plastikstühlen haben. Wähle einfach nur Orte, an welchen sich schon viele Asiaten niedergelassen haben.
Dasselbe gilt für die Getränke. Der Kaffee/Eiskaffee ist sehr lecker und es wäre eine Schande, die Fruchtsäfte und verschiedenen Milchtees zu verpassen.

2 Besuche Ho Chi Minh Park

Wenn du den Palast von Ho Chi Minh oder sein Mausoleum sehen möchtest, solltest du früh aufstehen, da der letzte Einlass um 10.15 Uhr ist.

Das Museum ist länger geöffnet. Ansonsten ist es auch schön, durch die Gegend zu schlendern und Fotos von den Gebäuden und den Wachen zu machen. Unser Taxi von der Altstadt dorthin kostete 50.000 VND. Auf dem Rückweg sind wir spaziert. Es dauerte ungefähr 30 Minuten und wir kamen an mehreren hübschen Botschaftshäusern vorbei.

3 Gönne dir eine Massage

60-minütige Massagen gibt es ab 10 US-Dollar. Was gibt es Schöneres, als nach einem langen Flug oder einer wackeligen Busfahrt eine entspannende Massage in einem wohlriechenden Raum mit einer angenehmen Temperatur zu genießen?
Wir gingen zum **Midori Spa** und waren mit unserer schwedischen und vietnamesischen Massage für ca. 250.000 VND zufrieden. Wir erhielten auch eine Menge kostenlosen Tee, der meiner Meinung nach gut zu einer Massage passt.

4 Gehe zum Nachtmarkt

Der Nachtmarkt findet am Fr / Sa / So statt und man findet Souvenirs wie Elefantenhosen, Telefonutensilien, Schmuck und vieles mehr. Uns wurde gesagt, dass der Markt bis Mitternacht geöffnet ist. Es begannen jedoch alle um 23.15 Uhr zusammenzupacken.

5 Mach eine Free Walking Tour

Vor allem, wenn du ein bisschen Angst hast, dich zu verirren, oder wenn du wichtige Informationen über die Stadt erhalten möchtest, solltest du an einer Free Walking Tour (www.hanoifreewalkingtours.com/) teilnehmen. Sie werden von einheimischen Studenten geleitet und in Englisch durchgeführt. Es gibt verschiedene Touren, zum Beispiel durch die Altstadt. Ich fand es sehr informativ und unterhaltsam. Am Ende zahlst du einfach eine Spende, wie viel du denkst, dass es wert war.

6 Übe Tai Chi am Hoan Kiem See

Der Hoan Kiem See ist einer der beiden ruhigen Seen in Hanoi. Sein Name bedeutet „See des wiederhergestellten Schwertes“ und basiert auf einer Legende, in der eine riesige, goldene Schildkröte ein magisches Schwert zu den Göttern durch diesen See zurückbrachte, nachdem sie die Chinesen aus Vietnam verbannt hatte. Du wirst vielleicht keine goldene Schildkröte entdecken, aber du könntest das Glück haben, eine der heiligen Schildkröten Vietnams zu sehen, die im Hoan Kiem See leben. Freitags bis sonntags (19.00 bis 24.00 Uhr) ist die Zone um den See verkehrsfrei und der See wird zu einem ruhigen und beliebten Treffpunkt für Familien und Pärchen. Wenn es dir nichts ausmacht, früh aufzustehen, kannst du dich um 6 Uhr morgens den Einheimischen anschließen und mit ihnen Tai-Chi üben.

Ansonsten findest du den **Ngoc Son Tempel**, der auf der Jade-Insel in der Mitte des Sees liegt und über die malerische rote Holzbrücke (**Brücke der aufgehenden Sonne**) erreichbar ist.

7 Besuche das Vietnamesische Frauenmuseum

Dieses moderne Museum (www.baotangphunu.org.vn/) bietet großartige Informationen über vietnamesische Frauen durch die Geschichte hindurch. Es konzentriert sich auf ihre Rollen als Mütter, Kaufleute, Unternehmer, Gelehrte und ihr Handeln während der Kriege. Es gibt viele Anzeigen in Französisch und Englisch.
Der Eintrittspreis beträgt 30.000 VND. Es ist von 8.00 bis 17.00 Uhr geöffnet.
Adresse: 36 Ly Thuong Kiet, Hoan Kiem, Ha Noi.

8 Bestaune die 4km lange Mosaikwand

Ein weiteres Highlight von Hanoi ist die größte Keramikmosaikwand Vietnams. Sie wurde im Oktober 2010 zum 1000-jährigen Jubiläum von Hanoi gebaut. Das Thema lautet „Geschichte durch Bilder“ und mit einer derart reichen und langen Geschichte ist die Wand nun eine lebendige Darstellung dessen, was früher war. Künstler aus aller Welt haben am Mosaik gearbeitet, das sich entlang der Straßen Au Co, Nghi Tam, Yen Phu, Tran Nhat Duat, Tran Khanh Du und Tran Quang Khai befindet. Es endet am Steg der **Long Bien Bridge**. Leider ist der Besuch etwas gefährlich, da das Mosaik entlang der Hauptstraßen verläuft und man sehr vorsichtig sein muss mit dem Verkehr.

9 Trinke ein Bia Hoi

Es ist ein Teil der nordvietnamesischen Kultur, sich nach 16.00 Uhr mit Freunden auf den Straßen zu treffen und auf winzigen Plastikstühlen ein frisch gebrautes Bier zu trinken. Das Bier wird ohne Konservierungsstoffe hergestellt und muss am Tag der Herstellung konsumiert werden. Wenn du eines der billigsten (5k bis 7k VND) und frischesten Biere der Welt probieren möchtest, solltest du diese Gelegenheit nicht verpassen.

10 Abkühlung im Vietnam Fine Arts Museum

Zunächst ist es immer angenehm, in einem heißen Land durch ein schön klimatisiertes Gebäude zu schlendern. Zweitens beherbergt dieses Museum Gemälde berühmter internationaler Künstler wie Matisse, Monet, Degas und natürlich auch Kunst berühmter vietnamesischer Künstler.

Die meisten Exponate haben englische Erklärungen. Das Museum befindet sich in der Nguyen Thai Hoc Straße 66 und kostet 40'000 VND.

11 Schau dir ein Wasserpuppentheater an

In alten Zeiten, als die Reisfelder der Dorfbewohner mit Wasser überflutet waren, versuchten die Vietnamesen aus dieser Situation Unterhaltung zu schaffen. Sie bauten Puppen und befestigten sie an Angelruten, um mit ihnen über der Wasseroberfläche Sketche aufzuführen. Heute kannst du dir die Shows im Wasserpuppentheater ansehen und Legenden wie die mit der goldenen Schildkröte kennenlernen. Die Ticketpreise liegen bei 100'000 VND.

Fazit

Dies sind nur einige der vielen Dinge, die du in Hanoi unternehmen kannst. Wenn du mehr Zeit hast, solltest du auch in einer Rooftop Bar etwas trinken, auf dem Dong Xuan-Markt einkaufen oder die Tran Quoc-Pagode am Westsee fotografieren.

Ich mochte Hanoi wegen all der verschiedenen Orte, an denen man essen oder einen Kaffee trinken konnte, aber ich empfehle, die Stadt nach ein oder zwei Tagen zu verlassen und die Natur Vietnams zu genießen.

Wir übernachteten im **Golden Charm Hotel**, welches sich in einer sehr guten Lage in der Altstadt befindet. Die Rezeptionisten waren freundlich und halfen uns, unvergessliche Touren in der Halong-Bucht zu buchen und die Reisterrassen zu besuchen.

4 Besuche Vietnams spektakuläre Reisterrassen

Eines der Highlights in Nordvietnam sind die üppigen Reisfelder, die sich über Hunderte von Terrassen erstrecken. Aufgrund der höheren Lage und des feuchten Bodens sind die Hügel morgens oder abends meist von einem mysteriösen Nebel bedeckt. Dies schafft eine sehr entspannte Atmosphäre und lässt einem tief einatmen.

Egal, ob du eine Wanderung unternehmen oder mit dem Fahrrad oder Motorroller die Reisfelder entlang fahren möchtest, du wirst fleißige Vietnamesen sehen, welche die bekannten Strohhüte oder Gesichtsmasken tragen und mit Schlamm bedeckt sind, um sich vor der Sonne zu schützen. Wenn du mit einem Einheimischen unterwegs bist, kannst du wahrscheinlich selbst ein paar Reiskörner anpflanzen. Dies war ein tolles Erlebnis für mich.

Die berühmtesten Terrassen sind diejenigen in Sapa. Sie sind schön, ja, aber das bedeutet, dass es ganzjährlich viele Touristen hat. Die Reisterrassen von Mai Chau sind noch nicht so berühmt, aber meiner Meinung nach genauso hübsch. Wenn du also früher oder später nach Nordvietnam kommst, wird sich die Frage stellen: Sapa oder Mai Chau?

4.1 Sapa oder Mai Chau?

Nach 2 Tagen der Verrücktheit von Hanoi brauchten wir einen Szenenwechsel und entschieden uns für Mai Chau anstelle von Sapa. Dafür gibt es zwei Gründe: Mai Chau ist näher an Hanoi und weniger touristisch. Wir haben viele Leute getroffen, die beide Orte besucht haben, und die meisten, die eine mehrtägige Tour machten, zogen Mai Chau Sapa vor. In Mai Chau fühlt man sich immer noch wie ein Entdecker und weniger wie ein Massentourist.

Für beide Orte ist es am einfachsten, eine Tour in Hanoi zu buchen. Wir haben uns für eine Unterkunft bei einer Gastfamilie entschieden, da man dann direkt neben den Reisfeldern schläft und ein noch lokaleres Gefühl hat als in einem Hotel. Bei den Homestays muss man jedoch wissen, dass man normalerweise auf einer Matratze auf dem Boden schläft und dies in einem Schlafsaal mit mehreren anderen Personen.

Natürlich kannst du Sapa oder Mai Chau auch als DIY-Reise besuchen. Hier ist, wie es funktioniert:

4.2 Anreise nach Sapa mit öffentlichen Verkehrsmitteln

Am günstigsten ist es, mit dem **Bus** für etwa 15 USD direkt nach Sapa Town zu fahren. Die Fahrt beinhaltet allerdings eine ganze Reihe von Kurven. Daher entscheiden sich viele Leute für einen schnelleren **Minivan-Transfer,** der ungefähr 5 Stunden dauert (zum Beispiel EcoSapa, der 25 USD pro Person kostet. Sie bieten zudem kostenloses WLAN an Bord an). Hier sind einige weitere Optionen: www.hanoisapatrain.com/sapa-bus.html

Die dritte Möglichkeit besteht darin, einen teureren und komfortableren **Nachtzug** nach Lao Cai zu nehmen. Von dort musst du dann einen Shuttlebus nach Sapa nehmen (ca. 45 Minuten).

Wo man in Sapa übernachten kann

Es ist auch in Sapa einfach, auf booking.com oder Airbnb eine Unterkunft zu finden. Wenn du an einem organisierten Trekking teilnehmen möchtest, findest du in Sapa für ca. 20 USD pro Tag einen Guide. Deine Unterkunft wird dich auch gerne bei der Suche nach einem passenden Guide unterstützen.

Was man in Sapa unternehmen sollte

Das Offensichtliche ist, einen Spaziergang oder eine Wanderung zu machen. Du wirst vielen anderen Wanderern begegnen und brauchst daher keine Angst zu haben, dich zu verirren. Ein beliebter Spaziergang ist der in Richtung **Cat Cat**. Sei für eine Weile ruhig und genieße die Atmosphäre der Wolken, die tief über den Reisfeldern in den grünen Berggipfeln hängen.

Es gibt auch schöne Strecken auf dem Motorrad. Du musst nur in der Lage sein, mit holprigen Straßen umzugehen und Kleingeld mitnehmen, da die Straße nach Ta Van 3,50 USD kostet, wenn du mit dem Roller fährst.

Wenn es in Sapa sehr neblig ist, ist es möglicherweise eine gute Idee, nach Thanh Phu zu fahren und dort zu wandern, da sich das Dorf auf einer niedrigeren Höhe befindet und daher bessere Aussichten bietet.

4.3 Wie man nach Mai Chau kommt

Die Fahrt von Hanoi nach Mai Chau mit dem öffentlichen Bus dauert ungefähr 4 Stunden und kostet 80.000 VND. Die Busse fahren um 6.00 Uhr, 7.30 Uhr, 14.00 Uhr und 14.30 Uhr am Busbahnhof My Dinh ab.

Falls du keinen dieser Busse nehmen kannst, steigst du in einen Bus nach Hoa Binh. Sie fahren alle 15 Minuten und kosten 50.000 VND. Von Hoa Binh fahren regelmäßig Busse nach Mai Chau. Sag dem Fahrer einfach deutlich, dass du nach Mai Chau willst, und sie werden dich in die richtige Richtung weisen.

Von der Stadt Mai Chau aus kannst du entweder zu Fuß zu deinem Homestay in einem umliegenden Dorf gehen (wahrscheinlich 2 - 3 km) oder du lässt dich von einem Motorradtaxi für ca. 20k VND dorthin bringen.

Um nach Hanoi zurückzukehren, kannst du einen der regulären Busse von Mai Chau nehmen. Anscheinend beträgt die normale Ticketgebühr dann 100k VND. Es gibt mindestens vier pro Tag und es ist am besten, wenn du deinen Homestay nach dem richtigen Fahrplan und einem Transport zur Bushaltestelle fragst.

Du kannst deine Gastfamilie in Mai Chau über Airbnb buchen.

4.4 Was man in Mai Chau unternehmen kann

Wir übernachteten in der **Nature Lodge** im Stelzenhaus einer Gastfamilie. Tagsüber brauchten wir die Ventilatoren wirklich mit voller Kraft, aber nachts war die Temperatur recht angenehm. Die Nacht war ziemlich laut mit all den Geräuschen der Zikaden, aber das gab uns die Gelegenheit, am ersten Morgen früh aufzustehen und den Nebel über den Reisfeldern zu erleben. Es war eine magische Umgebung! Tagsüber ist es genauso schön, einfach ohne mystischen Nebel.

Mache eine Fahrradtour

Am ersten Tag nahmen wir an einer Fahrradtour teil (manche Räder in besserer Verfassung als andere) und fuhren durch das Tal der grünen Reisfelder. Es war gut, dass wir einen Führer hatten, der uns den schönsten Weg zeigte und so gingen wir auch nicht verloren.

Am Abend hatten wir ein köstliches Abendessen mit einer großen Auswahl an vietnamesischen Gerichten.
Nach dem Abendessen gab es eine Show mit traditionellem Tanz und am Ende bekamen alle einen Schluck Reiswein.

Miete einen Scooter

Es ist allgemein bekannt, dass es in den geschäftigen Städten Vietnams eine Menge Motorroller und Autos gibt.

Sobald du die Stadt jedoch verlässt und aufs Land fährst, wirst du feststellen, dass Motorradfahren in Vietnam der perfekte Weg ist, um dieses Land zu entdecken. Es gibt viele kurvenreiche Straßen durch eine schöne, üppige Umgebung.

Wenn man alleine nicht genau weiß, wohin man fahren könnte, gibt es in Mai Chau die Möglichkeit, für einen Tag (oder mehrere) einen Fahrer zu mieten, bei welchem man hinten auf den Motorroller sitzen kann, oder dem man hinterherfahren kann.

Als unser Reiseleiter am Morgen ankam, war ich sehr nervös, da ich in Bali nur ein einziges Mal einen Roller gefahren war und mich dort nicht sehr sicher gefühlt hatte. Und jetzt auf diesen Straßen mit diesen verrückten Fahrern? Da war mir nicht ganz wohl dabei. Nach meinem Rollertraining, das darin bestand, zu erklären, wie ich den Roller startete, und mich dann alleine den Feldweg hinunterzuschicken und zu versuchen, zurückzukehren, war ich immer noch nicht davon überzeugt, dass dies eine gute Erfahrung werden würde, aber der Sitz hinter dem Guide war bereits von einer Freundin besetzt und da ich das Training erfolgreich absolviert hatte, fuhren wir los durch die kleinen Straßen von Mai Chau.

Das nächste Hindernis wartete bereits in Form einer schmalen und wackeligen Bambusbrücke, aber auch das war kein Problem und ich fühlte mich sicherer in Bezug auf die kommende Hauptstraße.

Wir stiegen eine Kurve nach der anderen auf den Gipfel des Hügels und hatten einen herrlichen Blick über das grüne Tal mit all den Reisfeldern. Die sicherere Route wäre dann gewesen, zurückzufahren und dieselbe Landstraße zum Wasserfall zweimal zu nehmen, aber da wir nicht wussten, wohin der Guide uns bringen würde, folgten wir unserem Führer 10 km auf der Hauptstraße. Irgendwie ist es in Vietnam möglich, dass ein LKW, zwei SUVs und drei Motorräder auf einer engen, zweispurigen Straße aneinander vorbeikommen. Meiner Meinung nach war es unverantwortlich von unserem Guide, so lange mit uns auf der Hauptstraße zu fahren, und falls du eine geführte Tour mit einem Motorroller unternimmst, solltest du den Fahrer bitten, dich nur über Landstraßen zu führen.

Wie auch immer, ich war froh, als wir wieder auf kleineren und holprigeren Straßen waren. Wir wurden nur ab und zu von anderen hupenden Rollern überholt und mussten aufpassen, kein Huhn zu überfahren.

Wieder fuhren wir an vielen hübschen Reisfeldern mit Pfahlbauten vorbei. Einige Orte glichen einem hübschen Gemälde.

Schließlich tauchte unser Ziel in einem anderen Tal auf und wir hatten einen wunderschönen Blick auf einen See mit kleinen, grünen Inseln. Bis dahin war es höchste Zeit, dass wir uns endlich im kühlen Nass abkühlen konnten. Wir mussten aber noch etwas länger warten. Zuerst parkten wir die Scooter IM HAUS von jemandem (vielleicht war es die örtliche Bar, weil es zwei Billardtische gab) und dann gingen wir 2 Minuten durch den Wald zu einem anderen Haus, wo wir mit kaltem Tee begrüßt wurden.

Die Pfahlbauten haben normalerweise nur zwei Räume, einen großen, in dem die Familie schläft und spielt, und eine Küche, in der die Großeltern schlafen und die Frauen tagsüber arbeiten. Es gab keine Stühle und die Betten sind Holzbretter auf dem Boden. Es hat uns den Luxus, den wir zu Hause haben, wieder bewusst schätzen lassen.

Dann gingen wir weiter in den Wald hinunter und unser Guide schnitt eine Jackfruit vom Baum, die er auch zum See hinunterbrachte. Rund um den See gab es nur schlammigen, roten Boden. Daher wäre es nicht so schön zum Schwimmen, aber zum Glück wartete schon ein Boot auf uns. Jetzt waren es wir drei, unser Guide, zwei Vietnamesen aus dem Haus, wo wir unseren Tee erhalten haben und dieser riesige See.

Der Guide schnitt die Jackfruit für uns auf. Das Fruchtfleisch schmeckte nach Süßigkeiten. Sie fuhren zu der Stelle, an der sie am Morgen einen Faden mit Fischködern hinterlassen hatten, um den Fang des Tages zu holen. Leider haben sie nur einen kleinen Fisch gefangen. Deshalb würde es heute also keinen Fisch für unser Mittagessen geben. Dann war es endlich Zeit fürs Schwimmen. Der See war anscheinend 130 m tief, aber das bedeutete nicht, dass die ersten 1,5 m kälter waren als unsere überhitzten Körper. Es fühlte sich trotzdem gut an, Schweiß und Schmutz abzuwaschen und es zu genießen, die einzigen Menschen zu sein, die in Sichtweite waren.

Während der Rückfahrt konnten wir uns abtrocknen und dann wurde uns das Mittagessen im Pfahlhaus serviert. Es war eine sehr authentische Erfahrung, auf dem Boden zu essen und kaltes Wasser und etwas Medizin Eistee zu trinken, den sie über dem qualmenden Holzfeuer gekocht hatten (er schmeckte nach Rauch). Wir waren so durstig, dass ich ihn gerne getrunken habe, in der

Hoffnung, dass er unseren Mägen nicht schaden würde. Wir hatten nachher keine Probleme. Wie immer hatte uns das Essen nicht enttäuscht und wir erhielten ungefähr 6 verschiedene Teller mit Delikatessen, die wir teilten.

Die Hitze machte uns müde und wir versuchten auf dem Holzbrett, auf dem wir gerade gegessen hatten, ein Nickerchen zu machen. Da wir jedoch auch noch einen Wasserfall sehen wollten, spazierten wir bald zurück zu unseren Rollern. Die Straße, die dann folgte, war der beste Teil auf dem Roller. Es gab weder ein anderes Auto noch einen anderen Roller und die Straße selbst hat einfach Spaß gemacht, mit ihren vielen Kurven durch diesen wunderschönen Wald zu fahren.

Der Wasserfall, der plötzlich auftauchte, war größer als ich erwartet hatte und da es möglich war, im Pool zu schwimmen, kletterten wir den rutschigen und schlammigen Pfad hinunter. Das Wasser war auch warm, aber zumindest etwas erfrischender als der See und der Sprühnebel vom Wasserfall sehr angenehm.

Leider sahen wir die dunklen Gewitterwolken dort unten nicht und als wir zu den Rollern zurückkehrten, wussten

wir, dass wir uns beeilen mussten, aber höchstwahrscheinlich verregnet werden würden.
Es fühlte sich ein bisschen wie eine Verfolgungsjagd auf einem Roller an. Wir mussten gegen ein paar verlorene, große Regentropfen und Schlammpfützen kämpfen, die sich aus dem bereits vorbeiziehenden Regen gebildet hatten. Es hat sehr viel Spaß gemacht und ich habe definitiv einige Fähigkeiten für das Rollerfahren dazugewonnen. Wir haben es fast rechtzeitig zurückgeschafft. Fast, denn als wir schon wieder auf dem schmalen Weg zwischen unseren Reisfeldern waren, fing es an, aus Eimern zu schütten und es war schwierig, gegen den Wind anzukommen. Ich sah mich bereits in den Schlamm des Reisfeldes fallen, aber irgendwie erreichten wir alle sicher unseren Homestay.

Nach dem Sturm erlebten wir einen magischen Moment. Das ganze Tal leuchtete gelb und am Himmel war ein vollständiger Regenbogen zu sehen. Atemberaubend!

Was für ein abenteuerlicher Tag! Ich bin wirklich froh, dass wir diesen Ausflug gemacht haben.

Pflanze Reis an

Wir haben jeweils in unserem Homestay gefrühstückt, was notwendig war, für die Abenteuer, die am Tag folgten. Abgesehen von den Pfannkuchen habe ich mich bereits voll und ganz an die vietnamesische Sitte gewöhnt, Nudelsuppe zum Frühstück zu essen. Es ist einfach so lecker! Wir brauchten die Energie für die 2 km lange Radtour bergauf (und das bei 37 Grad - gefühlt 45°). Die anschließende Wanderung war demgegenüber beinahe angenehm. Wir gingen den Hügel hinauf, um dann durch die Reisterrassen zu schlendern. Danach konnten wir unsere Schuhe ausziehen und selbst in den warmen Schlamm steigen, um eine Reihe Reis zu pflanzen. Das hat sehr viel Spaß gemacht und die Landschaft um uns herum war unglaublich.

Fazit: Mai Chau ist auf jeden Fall einen Besuch wert, wenn du ein authentisches Vietnam erleben möchtest.

Wir buchten eine 3-Tage / 2-Nächte Tour durch das Golden Charm Hotel in Hanoi. Es kostete ungefähr 150 Dollar, was mehr ist als bei anderen Touren oder wenn man das ganze selbst organisieren würde, aber wir waren die einzigen, die dieses großartige Motorroller-Abenteuer mit dem hausgemachten Mittagessen hatten und das war es wert. Allerdings könnte man auch diesen Tagesausflug bestimmt vor Ort in Mai Chau buchen.

5 Eine Bootsfahrt in der Halong Bay oder Lan Ha Bay

Der einzige Ort, den ich in Vietnam unbedingt sehen wollte, bevor ich die Schweiz verließ, war Halong Bay. Die Landschaft sah auf Bildern traumhaft aus. Was könnte romantischer sein, als eine Nacht auf einem Boot inmitten dieser mit Pflanzen bedeckten, runden Felsen zu verbringen?

Wir buchten eine Tour in unserem Hotel in Hanoi (Goldener Charm) und da unsere erste Tour nach Mai Chau perfekt war, freuten wir uns sehr darauf. Außerdem enthielt die Tour alles, was ich sehen wollte und mehr (1 Nacht in der Halong-Bucht auf einem Boot, Amazing Cave, Kajakfahren in der Lan-Ha-Bucht, Schwimmen auf Monkey Island und einen Aufenthalt auf Cat Ba).

So verlief unsere Tour dann:

Wir kamen in Halong Bay an und checkten auf unserem Boot ein. Es war hübsch, mit Holzmöbeln im asiatischen Stil. Das einzig Mühsame war das Waschbecken im Badezimmer, welches nicht mit dem Boden verbunden war. Daher wurden unsere Füße jedes Mal nass, wenn wir das Wasser anmachten.

Mit ungefähr 100 anderen Booten (anscheinend waren es jedoch tausende) segelten wir in die Bucht hinaus. Nach ungefähr einer Stunde hielten wir an, immer noch mit allen anderen Booten um uns herum. Wenn du also erwartet hast, die Bucht für dich zu haben, wirst du enttäuscht werden. Halong Bay ist ein riesiges Touristenförderband und die Boote haben unterschiedliche Zeitfenster für die verschiedenen Orte, zu denen sie fahren.

Vor der Höhle mussten wir in der Schlange warten, bis unsere Gruppen an der Reihe war. Wir waren wahrscheinlich die 5000sten Besucher, die an diesem Tag durch die Höhle gingen. Die Höhle selbst war jedoch wirklich spektakulär. Sie war riesig! Ich war noch nie in einer so großen und vielfältigen Höhle mit so vielen Felsformationen gewesen.

Dann fuhren wir zu einer kleinen Insel, die überfüllt war mit Touristen und der Sand schien künstlich angelegt worden zu sein. In der sengenden Hitze stiegen wir 300 Stufen zu einer Pagode hinauf, um einen schönen Blick über die Bucht zu haben. Natürlich wäre es ohne all die Boote viel schöner gewesen, aber die Landschaft war trotzdem noch toll.

Wenn du also einfach vom Boot aus die Umgebung betrachten möchtest, wirst du diese Reise genießen. Falls du jedoch gerne schwimmst, hängt die Qualität deiner Reise von der momentanen Wasserqualität ab. Am liebsten wäre ich in dieser Hitze sofort schwimmen gegangen, aber als ich mir diese grün-braune Ölsuppe angesehen habe, wünschte ich mir, dass ich beim Mittagessen keinen Fisch gegessen hätte. Also verschob ich mein Bad vorerst auf einen späteren Zeitpunkt auf der Tour.

Am nächsten Morgen durften wir am selben Ort Kajak fahren, umgeben von all den anderen Booten und ich fragte mich, wo das klare, blaue Wasser ist, über das so viele Leute gesprochen haben. Die Bucht muss wohl manchmal sauber sein, sonst würden andere Leute nicht so davon schwärmen. Wir und die anderen Leute auf unserem Boot ließen beim Essen von nun an auf alle Fälle die Finger von Fisch. In diesen Gewässern konnte kein Lebewesen gesund sein.

Wir fuhren dann mit einem kleineren Boot weiter nach Lan Ha Bay. Wenn man sich das Wasser nicht zu genau anschaute, war die Landschaft wunderschön und nun hatte es weniger andere Touristenboote.

Wir hielten wieder an einem Ort an, wo bereits drei andere Boote geparkt waren, um Kajak zu fahren. Da es so heiß war, musste ich einfach schwimmen gehen.

Fazit: Ein Mitreisender wurde von einer Qualle gestochen und ich bekam vom schmutzigen Wasser sofort einen Ausschlag am Bein.
Meine Freunde, die wegen des schmutzigen Wassers nicht schwimmen gingen, hatten wahrscheinlich die klügere Wahl getroffen.

Vorgängig hatten wir von vielen Leuten gehört, dass wir den schönsten Strand mit dem blausten Wasser auf Monkey Island finden würden. Leider trafen wir nur wieder auf eine grünbraune Suppe. Was ist passiert? War das, weil es eine Weile nicht geregnet hatte und ein großer Sturm im Anmarsch war? Monkey Island kann vielleicht manchmal hübsch sein, nur nicht, als wir dort waren.

Dann fuhren wir nach Cat Ba, das wie das El Arenal von Mallorca ist. Mehr über Cat Ba erfährst du im nächsten Kapitel.
Dort wurde uns mitgeteilt, dass unsere Tour nicht normal fortgesetzt werden würde, da die ganze Bucht wegen eines sich nähernden Taifuns geschlossen würde.

Fazit: Lohnt es sich, Ha Long Bay oder Lan Ha Bay zu besuchen?

Wenn du gerne eine Höhle sehen möchtest, solltest du Halong Bay besuchen. Amazing Cave war wirklich wunderschön. Wenn du in der Lage sein möchtest, die Landschaft für dich alleine zu genießen (uns wurde gesagt, dass gerade Nebensaison war und dass in der Hochsaison bis zu 8000 Schiffe pro Tag, anstatt 1000, durch die Halong Bay fahren würden), solltest du nach Lan Ha Bay fahren, da weniger Touristen in jene Ecke kommen. Du kannst auch Tagesausflüge von Cat Ba nach Lan Ha Bay machen.

Hoffentlich hast du mehr Glück mit der Sauberkeit des Wassers als wir. Dann wirst du mit Sicherheit ein tolles Erlebnis haben. Wenn deine Erfahrung eher unserer ähnelt, ist sie dennoch landschaftlich schön, aber es hatte sich ein wenig angefühlt, als wären wir eine Gruppe von Menschen unter all den anderen, die nacheinander ihre Punkte auf ihrer Bucket-List abhaken.

Ist es möglich, Halong Bay auf eigene Faust zu erkunden?

Nein, ist es nicht. Da du die Bucht auf einer organisierten Bootstour besuchen musst, kannst du auch gut ein Pauschalpaket ab Hanoi buchen, welches die Fahrt von und nach Hanoi beinhaltet. Normalerweise ist das billiger, als wenn du die Fahrt selbst organisierst und dann ein Boot in Halong Bay buchen würdest.

Es gibt jedoch verschiedene Preisklassen für Touren mit einer Nacht auf dem Boot von 55 bis 120 US-Dollar oder mehr. Um ein schönes und komfortables Schiff zu erhalten, ist es wahrscheinlich am besten, Touren ab 70 USD in Betracht zu ziehen.

Wenn du dich für einen Aufenthalt auf dem Festland in Halong Bay entscheidest, ist dies möglicherweise der perfekte Zeitpunkt, um ein günstiges Luxushotel zu buchen! Ich habe viel gutes Feedback gehört.

6 Cat Ba

Cat Ba ist die größte Insel in der Halong-Bucht und zieht daher viele Touristen an, die Zeit am Strand verbringen möchten.

Ein Taifun auf Cat Ba

Unsere Erfahrung auf Cat Ba war etwas anders als erwartet. Am Abend nach unserer Halong Bay-Tour checkten wir in ein schönes Hotel auf Cat Ba ein. Ich freute mich sehr auf eine Strandauszeit an einem paradiesischen Strand. Die Realität war jedoch leider weit davon entfernt. Die Strände waren überfüllt mit Menschen und Liegestühlen, obwohl das Wasser so schmutzig war, dass keiner von uns Lust zum Schwimmen hatte. Wenigstens konnten wir die vielen Restaurants und Bars in der Umgebung genießen.

Laut unserem Tour-Programm hätten wir eine zweite Nacht im selben Hotel verbracht. Sie teilten uns jedoch am Vortag mit, dass sich ein Taifun nähert und wir Cat Ba einen Tag früher verlassen müssten. In der Nähe unseres Hotels stiegen wir in den für uns organisierten Bus, der uns dann zum Pier auf der anderen Seite der Insel brachte.

Am Pier wartete eine lange Schlange von Leuten mit all ihren Habseligkeiten. Zuerst schien die Sonne, aber plötzlich begann es aus Eimern zu schütten.

Wir suchten Schutz in einer kleinen Blechhütte neben dem Bootsterminal, anstatt wie andere Leute, immer noch mit unseren Koffern in der Schlange zu stehen. Es war eine lustige Beobachtung, dass auf 10 Asiaten jeweils nur 1 Tourist an Bord gelassen wurde. Aber als Schweizer dachten wir, sie würden sich bestimmt um alle kümmern und uns vor dem Taifun von der Insel holen.

Wir waren also die letzte Gruppe, die an Bord eines Bootes durfte. Das vorherige Boot war vor 15 Minuten abgefahren. Da wurde plötzlich bekannt gegeben, dass heute keine Boote mehr auf dem Wasser erlaubt waren. Wir konnten es nicht glauben! Eine nette vietnamesische Familie, die sich in der gleichen Situation befand wie wir und englisch sprach, informierte uns jedoch, dass dies tatsächlich der Fall war. Zum ersten Mal wurde mir klar, dass man sich in Asien wirklich beeilen und der Erste sein musste, um irgendwo hinzukommen.
Wir stiegen alle wieder aus dem Boot aus und zurück in den Bus, um nach Cat Ba zurückzukehren. Es gab einige

Tränen von anderen Leuten, die ihre Flüge verpassen würden, aber für uns war es nur ein kleines Ärgernis.

Zuerst bot das Reisebüro allen gestrandeten Menschen ein kostenloses Mittagessen an (der Bus war morgens eine Stunde zu spät losgefahren...) und dann wollten sie unsere Unterkünfte arrangieren. Wir hatten bereits gesehen, dass unser Hotel vom Vortag geschlossen war, weil es mit den vielen Glasfenstern beim Taifun nicht sicher sein würde.

Anscheinend war die Frau aus der netten vietnamesischen Familie eine Journalistin und da sie mit dieser Reiseerfahrung zur Presse gehen wollte, war plötzlich der Major von Cat Ba in unserem Restaurant. Er teilte uns mit, dass wir alle gratis im Gebäude übernachten können, in welchem normalerweise vietnamesische Beamte wohnen. Das war sehr nett von ihnen. Zu diesem Zeitpunkt wussten wir noch nicht, wie groß der Sturm sein würde und das Gebäude sah wetterfest aus. Wir fühlten uns ein bisschen wie Flüchtlinge. Die Jalousien an der Vordertür waren geschlossen, weil die Tür sonst die ganze Zeit aufblies und wir durften das Gebäude den ganzen Nachmittag nicht verlassen. Abgesehen davon haben wir nicht viel vom Taifun mitbekommen.

Später am Abend erklärten die Vietnamesen das Ende des Sturms. Plötzlich waren alle wieder unterwegs. Trotz der starken Winde, die noch da waren. Abgesehen von einigen heruntergefallenen Ästen gab es keine Schäden. Anscheinend hatte der Sturm weiter unten an der Küste und sogar im Landesinneren stärker gewütet.

Am nächsten Tag hätten wir einen weiteren Tag auf der Insel verbracht, wenn wir darauf gewartet hätten, dass uns

jemand über etwas informiert. Viele Menschen aus unserer Flüchtlingsgruppe erkundigten sich, wann die Boote abfahren würden und alle kamen mit unterschiedlichen Antworten zurück. Dann fuhr plötzlich innerhalb von 10 Minuten tatsächlich ein Bus ab und wir eilten alle zum Busbahnhof.
Am Pier trafen wir noch ein paar Leute vom Vortag und stellten fest, dass noch kein Boot die Insel verlassen hatte. Insgesamt waren 3 Boote vor Anker und obwohl sie wiederholt sagten, dass sie keine Erlaubnis zum Verlassen des Hafens hätten, stiegen alle einfach in die Boote und füllten jeden Platz. Auch wir gesellten uns dazu und warteten wie bei einem Streik. Wir wussten ja jetzt, dass wir auf den ersten Booten sein mussten, da wir sonst wieder zurückbleiben würden. Und tatsächlich, 15 Minuten später fuhren die Boote eins nach dem anderen los. Die 30-minütige Fahrt zum Festland schafften wir problemlos.

Schlussendlich war diese Erfahrung nicht allzu schlimm für uns und wir haben unterwegs einige wirklich nette Leute getroffen. Dennoch kann ich aufgrund meiner eigenen Erfahrung nicht von der Schönheit von Cat Ba schwärmen. Daher würde ich empfehlen, diese Insel zu überspringen, insbesondere wenn du nur eine begrenzte Zeit in Vietnam hast.

7 Ninh Binh und Tam Coc National Park

Ninh Binh bietet einen ruhigen Fluss, der sich durch Höhlen und zwischen mit Pflanzen bewachsenen Bergen schlängelt.
Die schöne Natur von Ninh Binh ist im Tam Coc National Park zu finden. Eine kleine Gegend mit ein paar Backpacker Hostels. Ninh Binh ist einfach eine größere Stadt, 10 km von Tam Coc entfernt.

7.1 Was man in Tam Coc unternehmen sollte

Es ist möglich, alle Highlights von Ninh Binh an einem Tag zu sehen. Am einfachsten ist es, wenn du einen Roller mietest. Wenn du in einem Hostel im Tam Coc National Park übernachtest, kannst du die Sehenswürdigkeiten auch bequem mit dem Fahrrad erreichen.

Besuche einen Tempel in einer Höhle

Wir besuchten zuerst einen kleinen Tempel links von Tam Coc. Wegen des Sturms am Vortag mussten wir durch Wasser waten, um zur Treppe zu gelangen. Evtl. hat die Höhle normalerweise Lampen, welche jedoch während unseres Besuchs nicht funktionierten. Dies fügte eine gehörige Portion Nervenkitzel hinzu, als wir in der Dunkelheit die Schreie von Fledermäusen hörten.

Mache eine entspannte Bootsfahrt vom Van Lam Pier

Die „must-do" Touristenaktivität in Tam Coc ist ein Ruderboot zu mieten (mit einem Vietnamesen, der für dich rudert). In 1,5 Stunden wurden wir den ruhigen Fluss rauf und runter gesteuert (schau dir das Cover dieses Buches an).

Wir fuhren durch 3 Höhlen und da das Wasser so hoch war, mussten wir auf unsere Köpfe aufpassen. Zum ersten Mal auf unserer Reise bekamen wir dann die Regenzeit zu spüren als der Himmel seine Schleusen öffnete und nicht einmal meine Regenjacke viel half. Uns blieb nichts übrig, als den Regen zu ertragen und uns auf die wunderschöne Landschaft zu konzentrieren und anderen Touristen zuwinken, die wir zuvor in Cat Ba getroffen hatten.

Die Bootstour ist im Vergleich zu anderen Aktivitäten ziemlich teuer (etwa 200k VND pro Person), aber ich fand es ein lohnendes Erlebnis. Sie werden euch sagen, dass nur 2 Touristen pro Boot erlaubt sind, aber am Ende durften wir alle drei auf ein Boot. Es gab keine Begrenzung für die Anzahl der Asiaten ...

Wandere zum Aussichtspunkt

Das Schönste an Tam Coc war die Aussicht von **Mua Cave**. Die 450 Stufen dieses Hügels zu erklimmen ist bei dieser feuchten Hitze keine leichte Aufgabe.
Der Skulpturengarten unten kann übersprungen werden, da er einfach etwas ist, damit man von den Touristen Geld verlangen kann, aber wie gesagt, der Blick in das Tal mit dem Fluss während der Wanderung und von oben ist

atemberaubend!!! Unterwegs begegneten wir einigen Ziegen, die auf den Felsen herumkletterten.

Für die ganze Besichtigung der Sehenswürdigkeiten brauchten wir nur einen halben Tag.
Wir beschlossen, am Nachmittag in Ninh Binh zu entspannen, da wir abends einen Nachtbus nach Phong Nah hatten.

8 Phong Nha Ke Bang

Wenn du eine üppige, grüne Natur magst und ein Fan der vietnamesischen Berge bist, ist dieser Ort ein Muss für dich!

Phong Nah in der Nacht

Wie die meisten Touristen kamen wir gegen 4.30 Uhr morgens mit dem Nachtbus in Phong Nah an. Die kleine Stadt war ruhig und eine willkommene Abwechslung zu den größeren Städten entlang der Küste. Wir wollten eine Nacht in Phong Nah bleiben, um uns vom Nachtbus zu erholen und hatten daher ein Hotel vorgebucht. Zum Glück war das **Mountain View Hotel** nicht ausgebucht und wir konnten bereits bei unserer frühen Ankunft einchecken und schliefen dann erstmals bis 10.00 Uhr.

Atemberaubende Landschaft

In der Stadt gibt es viele einladende Restaurants. Nach einem guten Frühstück mieteten wir uns einen Roller, um die Gegend zu erkunden. Wieder ist WOW der einzige Ausdruck, der mir in den Sinn kommt. Die üppigen Felder, grünen Berge und der blaue Fluss, der sich durch die Landschaft schlängelt, machen es zu einer unglaublich schönen Region. Wiederum ist das Fahren auf einem Roller der perfekte Weg, diese Umgebung zu genießen! Es hatte auch kaum Verkehr.

Nervenkitzel im Dark Cave

Wir hielten beim Dark Cave (450'000 VND) an, wo wir auf eine Tour warten mussten, welcher wir uns anschließen konnten. Anfangs teilte uns die Dame mit, dass es heute keine weiteren Touren mehr geben würde, aber vor einer Minute hatte sie gerade einem asiatischen Paar mitgeteilt, dass sie bis 15.00 Uhr warten müssten. Deshalb bestanden wir darauf, auch Tickets zu erhalten. 45 Minuten später konnten wir unsere Ausrüstung abholen. Es kamen immer noch neue Leute an, die auch Tickets kauften.

Ablauf der Höhlenbesichtigung

Zuerst stiegen wir auf einen Turm und fuhren dann mit einer langen Seilrutsche über den Fluss. Auf der anderen Seite hatten wir die erste Chance, in das grüne Flusswasser zu springen, das ausnahmsweise einmal sauber schien. Dann wurden wir angewiesen, unsere Stirnlampen einzuschalten und folgten unserem Führer in die Höhle (durch ungefähr 500 Schmetterlinge hindurch, was das ganze sehr kitschig machte).

Schlammbad

Am Anfang marschierten wir auf einem Holzsteg, aber dann mussten wir über sehr schlammige Felsen klettern. Es wurde immer schlammiger, bis wir in einem Teich aus reinem Schlamm wateten. Dies war sehr lustig, weil wir wie Korken hochgehoben wurden. Es war eine Herausforderung, meine Beine auf den Boden zu drücken. Das Schlammbad war großartig und wir sahen alle sehr witzig aus. Ich wünschte, ich hätte eine GoPro gehabt, damit ich das alles hätte dokumentieren können.

Dann mussten wir uns den Weg aus der Höhle bahnen und hatten keine andere Wahl, als eine Schlammrutsche einen Erdhügel hinunterzurutschen. Das war nicht unbedingt die bequemste Rutschpartie in meinem Leben…

Schließlich erreichten wir wieder den Fluss, wo wir in Kanus zurück zum Startbereich paddelten und ins Wasser springen konnten, um uns zu waschen. Ich schätze, es wird ein paar Tage dauern, bis wirklich der ganze Schlamm verschwunden ist.

Planung:

Ich empfehle dir, die Höhle am Morgen zu besuchen, damit du genug Zeit hast, um am Ende die Seilrutschen, Sprünge und Wasserspiele zu genießen. Es war bereits 17 Uhr, als unsere Tour vorbei war und weil wir vor Einbruch der Dunkelheit in die Stadt zurückkehren wollten, blieben wir nicht lange.

In dieser Gegend gibt es noch mehr Höhlen (zum Beispiel die längste Höhle von Vietnam: Phong Nha-Höhle) und einige Wasserfälle, die man alle auch sehr gut per Scooter erreichen kann. Leider fahren die Busse nach Süden nur um 4.30 Uhr in der Nacht. Wir hatten keine Zeit, einen weiteren Tag in Phong Nah zu verbringen und brachten daher unsere Roller zurück, um noch ein paar Stunden im Hotel zu schlafen.

Ich bin sehr froh, dass wir nach Phong Nha gekommen sind. Die Landschaft ist einfach wunderschön und die Erfahrung im Dark Cave war einzigartig und fantastisch.

9 Hue

Hue ist die ehemalige Hauptstadt Vietnams und der Glanz der Kaiserzeit kann noch heute besichtigt werden.

9.1 Was man in Hue unternehmen sollte

In Hue gibt es viel zu besichtigen, sogar ein paar seltsame Dinge wie eine ehemalige Tiger-Kampfarena und ein stillgelegter Wasserpark. Wenn du die Sehenswürdigkeiten in der Innenstadt erkundest, empfehle ich, mit dem Fahrrad zu fahren. Wenn du einen Ort außerhalb der Stadt besuchen möchtest, mietest du einen Roller oder lässt dich von einem Taxi chauffieren.

Bummle durch die alte Kaiserstadt

Dies ist ein schöner Ort, um herumzulaufen und sich vorzustellen, wie die Menschen vor Jahrhunderten ihr Leben geführt haben. Die Zone besteht aus verschiedenen

Regierungsgebäuden und Tempeln. Ziehe dich angemessen an, wenn du die Tempel betreten möchtest.

Der Eintritt beträgt 150k VND und die Öffnungszeiten im Sommer sind von 8.00 bis 22.00 Uhr. Dies ist großartig, da es in Hue tagsüber sehr heiß werden kann und es daher angenehmer ist, die Zitadelle nach 18.00 Uhr zu besuchen. Im Winter haben sie von 8 bis 17.30 Uhr geöffnet.

Besuche das Grab von Khai Dinh

Kaiser Khai Dinh liebte die französische Kultur und Architektur, da er einen Teil seines Lebens in Frankreich verbrachte. Diese Liebe zeigt sich in der einzigartigen Gestaltung seines Grabes, da französische und vietnamesische Elemente zusammenfließen. Es wurde erst 1931 erbaut und befindet sich im besten Zustand unter den Gräbern in Hue. Es befindet sich an einem Berghang und daher kann man als Bonus eine schöne Aussicht genießen. Adresse: Khải Định, Thủy Bằng, Hương Thủy, Thừa Thiên Huế. Öffnungszeiten: täglich von 7 bis 17.30 Uhr.

Besuche das Grab von Minh Mang

In der Gegend, in der sich das Grab von Minh Mang befindet, gibt es mehrere Seen und Kanäle. Daher ist es ein wunderschöner Ort, um einen Spaziergang zu machen. Das Grab selbst wurde mit viel Detail gebaut und du solltest dir Zeit nehmen, es genau zu studieren und immer wieder etwas Neues zu entdecken.

Adresse: QL49, Hương Thọ, Hương Trà, Thừa Thiên Huế. Öffnungszeiten: täglich von 7 bis 17.30 Uhr.

Bestaune die Thien Mu Pagode

Diese Pagode ist besonders schön, weil sie einen 21 m hohen Turm hat.

Genieße die Natur im Bach Ma Nationalpark

Dieser Nationalpark liegt ungefähr auf halber Strecke zwischen Hue und Danang. Touristen und Einheimische gehen gerne dorthin, um die Wanderwege zu erkunden oder sogar ein paar Nächte auf einem der Campingplätze zu verbringen. Der Eintritt beträgt 40’000 VND.

Besuche das Hue Museum für königliche Antiquitäten

Dies war nicht das beste Museum, in dem wir je waren, aber es befindet sich neben der kaiserlichen Zitadelle und ist im Eintrittspreis für die Zitadelle enthalten. Es beherbergt vietnamesische Artefakte aus der Nguyen-Dynastie und die Temperatur in den offenen Räumen ist sehr angenehm.

Schieße Fotos im verlassenen Wasserpark

In Yangon, Myanmar, gab es einen halb verlassenen Vergnügungspark, der ziemlich gruselig war. Dieser Wasserpark am Ho-Thuy-Tien-See toppte jene Erfahrung noch, da es ziemlich surreal ist, all diese nicht genutzten Rutschen zu sehen. Ich weiß nicht, warum sie den Park geschlossen haben und ich frage mich, wie lange sie ihn so lassen werden. Solange die Rutschen jedoch dortbleiben, bieten sie großartige Fotomöglichkeiten.

Adresse: Hồ Tiên, Thủy, Thủy Bằng, Hương Thủy, Thừa Thiên Huế.

Mache einen Spaziergang entlang des Parfüm-Flusses

Der Parfüm-Fluss fließt durch das Zentrum von Hue und das Leben spielt sich auf und entlang des Flusses ab. Wenn du gerne joggst, solltest du gegen Sonnenaufgang aufstehen und dich den Einheimischen anschließen, die morgens am Fluss entlang rennen, solange es noch nicht so heiß ist. Später am Tag kannst du mit einem Slow Boat fahren oder bei den vielen Straßenhändlern am Flussufer etwas kaufen. Wenn du Bootsfahrten magst, kannst du auch eine ganztägige Bootsfahrt buchen, die dich zu den wichtigsten Gräbern und Pagoden bringt.

Besuche die ehemalige Tiger-Kampfarena

Der letzte Kampf in der Arena fand 1904 statt. Von den Tigern sind heute nur noch Kratzspuren an der Wand zu sehen. Trotzdem ist es interessant, etwas über diese frühere Tradition zu lernen. Du findest „Ho Quyen“ ca. 3 km außerhalb von Hue.

Feilsche am Dong Ba Markt

Dies soll der größte Markt in Vietnam sein und du kannst alles finden, was du dir wünschst. Er ist von 15.00 bis 20.30 Uhr geöffnet. Das sollte dir genügend Zeit zum Einkaufen geben. Beteilige dich am Feilschen und akzeptiere nicht den ersten Preis, den sie dir sagen. Normalerweise ist der Preis viel zu hoch und es ist gut, ein wenig zu vergleichen, bevor man etwas kauft. Versuche, den Preis mindestens zu halbieren.

10 Hoi An

Die kleine Stadt Hoi An ist berühmt für ihre vielen Schneider, die dir nach deinen Vorstellungen ein Kleidungsstück schneidern.

Die Hunderte von Läden können ein bisschen überwältigend sein. Um es einzugrenzen, kannst du dich bei den TripAdvisor Rezensionen schlau machen. Oder fahre, wie wir, mit dem kostenlosen Fahrrad vom Hotel in die Stadt und halte bei Geschäften an, die Muster haben, welche dir gefallen.

10.1 Kosten von einem maßgeschneiderten Kleid in Hoi An

Für einen Rock erhielten wir eine Preisspanne von 15 bis 50 US-Dollar. Natürlich gibt es Qualitätsunterschiede, aber ich würde nicht automatisch davon ausgehen, dass ein hoher Preis eine gute Qualität bedeutet.

Am Anfang hatte ich keine Ahnung, was ich kaufen würde, aber die Idee, ein maßgeschneidertes Kleid zu bekommen, war einfach zu gut. Also entschied ich mich für eine Anprobe, kehrte für zwei Anpassungen zurück (alles in 24 Stunden) und verließ zwei Läden mit zwei Kleidern und einem Rock. Das Ganze kostete 60 USD.

Neben den Kleidergeschäften bietet Hoi An auch andere Dinge:

- zwei Strände, von denen An Bang der schönere ist. Als wir jedoch dort waren, war das Wasser nicht sehr sauber und es hatte Quallen. Somit verlor ich meine Begeisterung für das Meer nach etwa 5 Minuten.

- einen Kleidermarkt und einen Lebensmittelmarkt, von denen ich den Lebensmittelmarkt sehr interessant fand, weil man all die bunten Früchte, die lebendigen Meeresfrüchte, die sie in Eimern aufbewahren und das Fleisch, das auf Tischen liegt und das häufig von Fliegen besucht wird, anschauen konnte.

- viele süße Restaurants und Cafés. Insgesamt ist Hoi An mit all seinen dekorativen Laternen sehr hübsch und romantisch.

- einen Nachtmarkt. Auch hier musst du feilschen oder sie werden dich abzocken.

Endlich fand ich auch eine Verbindung zu Einheimischen, als ich in einem „Restaurant“ aß (eher wie eine Garage mit Küche, Stühlen und Tischen), in dem niemand Englisch sprach. Ich hatte eine ganze Mahlzeit mit Reis, Fleisch und Gemüse für weniger als einen Dollar. Und danach habe ich mir für 80000 VND die Haare schneiden lassen, was weniger als 4 US-Dollar ist. Sie organisierten sogar jemanden für mich, der Englisch sprach.
Es war schön, einige Leute zu finden, die sich darüber freuten, dass ich etwas auf die lokale Art machen wollte und mich nicht wie eine Touristin behandelten.

Ich mochte zudem unser Hostel (Little House Homestay), weil sie sich sehr gut um mich kümmerten, an dem Tag, an dem ich krank war und die kostenlosen Fahrräder waren sehr praktisch.

11 Nha Trang

Viele Leute sagten uns, wir sollten den Strand von Nha Trang überspringen, da er nicht besonders schön sei, aber für mich war er super, weil er der erste Strand war, an dem das Wasser sauber genug zum Schwimmen war. Zudem hatte es eine große Auswahl an Schönheitsbehandlungen und Restaurants. Daher sind die Preise wettbewerbsfähig und günstig.
Das einzige, woran man sich gewöhnen muss, ist, dass Nha Trang ein typisches Urlaubsziel für Russen ist. Neun von zehn Touristen werden Russen sein und sogar die Straßenschilder und Restaurantmenüs sind in russischer Sprache geschrieben.

11.1 Aktivitäten in Nha Trang

Lass dich von einer blinden Person massieren

Während wir in einem Street Food-Restaurant an einem großen Tisch zu Mittag aßen, empfahl uns ein Mann, dass wir zum Institut für Blindenmassagen fahren sollten. Es ist

in der Nähe des Marktes und 1 Stunde kostete nur 70'000 VND.
An der Hauptstraße wären es wahrscheinlich 100k VND, was immer noch sehr günstig ist. Ich fand diese Massage etwas besser als die in Hanoi, aber immer noch nicht so gut wie in Thailand.

Besuche den Markt

50m von unserem Massagezentrum entfernt war der örtliche Markt. Hier findet man die üblichen Souvenirs. Wenn du jedoch gut feilschen kannst, bekommst du die Sachen günstiger als in Hanoi oder Saigon. Hier wäre also ein guter Ort, um Souvenirs zu kaufen. Dann gibt es den üblichen Lebensmittelmarkt mit Obst und Gemüse, lebenden Hühnern, Fisch und geschnittenem Fleisch.

Gönne dir eine Schönheitsbehandlung

In Nah Trang gibt es ein Spa nach dem anderen. Es lohnt sich also, die Preise zu vergleichen. Ich bezahlte 300'000

VND für eine Maniküre und Pediküre mit Schellack, was das Billigste war, das wir fanden und sie verwendeten sogar OPI. Die Qualität des Nagellacks war also gut. Der Service war mittelmäßig. Es beinhaltete wirklich nur das Schneiden und lackieren der Nägel, keine Massage und kein Abschaben abgestorbener Haut. Aber was kann man meckern, wenn der Preis für eine Maniküre oder Pediküre mit normalem Nagellack $3,50 beträgt?

Esse Street Food

Wir hielten uns immer noch an unsere Regel, uns nur dort hinzusetzen, wo das Essen gut aussieht und wo auch Asiaten aßen. Wir fanden eine gute Pho mit vielen leckeren Zutaten und ich musste diese halben Brötchen probieren, die mit Fleisch, Garnelen oder Eiern belegt sind. Als ich herausfand, dass man es erst isst, nachdem man es in eine Suppe taucht, war es lecker.

Schwimme am Strand von Nha Trang

Der Strand von Nha Trang ist ein langes Band mit weiß-braunem Sand, gesäumt von Palmen, einigen Bars und dahinter liegen die Hotels.

Also nicht besonders schön, aber immerhin war das Wasser endlich sauber und ich konnte bis zum Boden sehen, auch wenn ich weiter draußen im Wasser war. Es gibt Stühle und Sonnenschirme zum Mieten für 35'000 VND, aber die schönste Zeit des Tages ist von 5.30 bis 7.00 Uhr. Ja, wirklich, Touristen und Einheimische stehen hier so früh auf, um die Atmosphäre der Morgendämmerung und des Sonnenaufgangs zu genießen, wenn es noch nicht so glühend heiß ist. Die meisten Leute bringen nichts an den Strand und tragen nur einen Sarong, um zum Hotel zurückzugehen.

Amüsiere dich auf Vinpearl Island

Das Vinepearl (http://en.vinpearlresortvietnam.com/vinpearl-land-nha-trang-amusement-park) ist ein 5-Sterne-Hotel auf einer sehr bekannten Insel vor den Stränden von Nha Trang. Es ist über eine Seilbahn mit dem Festland verbunden. Diese Insel ist eine vietnamesische Version von Disneyland, einschließlich Fahrgeschäften, einem Aquarium und einem Aquapark. Anstelle der Seilbahn kannst du auch

20 Minuten mit der Fähre fahren. Die Fähren fahren ab, wenn sie voll genug sind. Die Kosten für den Eintritt zur Insel betragen 880'000 VND für Erwachsene. Du kannst einen ganzen Tag bleiben und fast alle Attraktionen sind inbegriffen.

Setzt dich in ein Restaurant

Es war schön, endlich eine große Auswahl an internationalen Gerichten zur Wahl zu haben. Wir probierten Sushi und wurden erneut an die Zukunft erinnert, weil sie keinen Thunfisch mehr hatten.

Mit **Lanterns** haben wir zudem eine gute Wahl für einheimisches Essen getroffen. Es ist ein schönes Restaurant (nach 17:00 Uhr solltest du einen Tisch reservieren), in dem das Essen so serviert wird, als würde man es auf der Straße essen, aber es war sauberer und komfortabler und trotzdem zu guten Preisen. Wir konnten sogar Sandwiches zum Mitnehmen kaufen für unseren Nachtbus.

Anreise mit dem Nachtbus

Nha Trang war der einzige Ort, an dem wir nicht früh einchecken konnten, da das Hotel voll war und um 5 Uhr morgens alles geschlossen hatte. Frage daher dein Hotel, ob es in Ordnung ist, einen frühen Check-in durchzuführen oder buche ein anderes Hotel oder im Notfall bereits eine Übernachtung für die Nacht des Nachtbusses. Schließlich haben wir uns im **Saint Paul** niedergelassen, welches sich an einer sehr guten Lage befindet (in der Nähe des Strandes und entlang der Straße mit dem besten Essen). Die Zimmer sind klein und einfach, aber die Dusche hatte zumindest eine Kabine.

Nha Trang war eine erholsame Stadt, in welcher wir einen entspannenden Strandaufenthalt verbringen konnten. Wenn du entlang dieser Route unterwegs bist, empfehle ich dir, eine oder zwei Nächte oder mehr in diesem Urlaubsort zu verbringen.

12 Da Lat

Da Lat liegt in einer Hochebene und bietet daher ein angenehmeres Klima als die tieferen Regionen. Entdecke hier schöne Wasserfälle, bestaune ein verrücktes Gebäude und probiere frischen Kaffee.

12.1 Was man in Da Lat unternehmen kann

Um die Sehenswürdigkeiten in und um Da Lat zu besuchen, empfehle ich dir, einen Motorroller zu mieten (ca. 120'000 VND/Tag). Das Fahren auf den Straßen in Da Lat macht großen Spaß!

Besuche die Linh Phuoc Pagode

Die Linh-Phuoc-Pagode liegt etwa 9 km außerhalb von Da Lat. Das Besondere daran ist, dass sich im Garten ein 50 m langer Drache aus Glasscherben und Ton befindet.
Die Pagode selbst ist ebenfalls hübsch und da sie kostenlos ist, gibt es keinen Grund, nicht hierherzukommen.

Rieche im Da Lat Flower Park an den Rosen

Dies ist ein sehr romantischer Ort im Stadtzentrum, am Ende des Hauptsees. Mache einen entspannten Spaziergang. Der Park ist jeden Tag bis 16 Uhr geöffnet.

Fahre mit einem Schwan

Am Ho Xuan Huong See, dem Hauptsee in Da Lat, kannst du ein Schwanenboot mieten und eine entspannte Zeit mit Freunden oder einer geliebten Person verbringen.

Besuche den Datanla Wasserfall

Dieser Wasserfall liegt ca. 15 Fahrminuten vom Stadtzentrum entfernt. Du kannst ihn ganz einfach auf maps.me finden. Die Parkgebühr für Scooter beträgt 3000 VND und die Eintrittsgebühr 20k VND. Der Wasserfall an sich ist malerisch. Die Gegend hingegen ist jedoch sehr touristisch. Es gibt verschiedene Aktivitäten wie Rodeln, Abseilen usw. Alle haben unterschiedliche Preise und du kannst Tour-Pakete buchen. Dies zieht eine große Menschenmenge an und obwohl der Wasserfall schön ist und die Aktivitäten Spaß machen, musst du dir im Klaren sein, dass du die Erfahrung mit vielen anderen Menschen teilen wirst.

Besuche den Elephant Wasserfall

Er ist größer als Datanla-Wasserfall und beeindruckend, da du sehr nah an den Wasserfall hinan treten kannst. Der Weg hinunter zum Wasserfall ist etwas schwierig. Es kann schlammig und rutschig sein und deshalb solltest du gute Schuhe tragen. Der Eintritt beträgt 10k VND und der Wasserfall ist von 7.00 bis 17.00 Uhr geöffnet.

Der Wasserfall liegt in der Nähe des Dorfes Nam Ban, etwa 30 km von Da Lat entfernt. Falls diese Strecke zu groß für dich ist, um mit dem Roller zu fahren, kannst du auch den grünen, lokalen Bus „Da Lat - Phu Son“ nehmen. Er fährt von der Bushaltestelle am oberen Ende des zentralen Marktes ab. Er fährt alle 35 Minuten bis 17.20 Uhr. Die Fahrt dauert 45 Minuten und kostet 20k VND. Sag dem Fahrer, dass du zu den „Thac Voi“ - oder Elephant Falls fahren möchtest und du wirst an einer Kreuzung abgesetzt, von wo aus du zu Fuß zum Wasserfall gehen kannst. Um zurückzukehren, nimmst du einfach den gleichen Bus wieder in die andere Richtung.

Besuche das Crazy House

Es ist ziemlich seltsam, an einem Ort wie Da Lat ein solches Gebäude zu finden, aber es steht nun mal hier und ein Besuch lohnt sich. Es wurde von Dang Viet Nga entworfen. Im Inneren findest du seltsame Elemente wie Höhlen und Pilze. Die Eintrittsgebühr beträgt 40k VND. Ab 45 US-Dollar kannst du sogar im Crazy House übernachten.

Mache eine Tour durch eine Kaffeeplantage

Es gibt verschiedene Orte, an denen Kaffeetouren angeboten werden. Wir haben eine bei **K'Ho Coffee Coorperative** gemacht und waren sehr zufrieden damit. Die Plantage befindet sich ca. 10 km außerhalb von Da Lat im Dorf Langbiang. K'Ho Coffee ist bekannt für Arabica-Bohnen. Du kannst Touren von verschiedener Dauer buchen.

Schau dir für weitere Informationen ihre Website an (www.khocoffee.com/tours/).
Du lernst den Vorgang des Kaffeeröstens kennen und genießt eine köstliche Kaffeeverkostung im Garten.

Insgesamt haben wir den Kaffee in Vietnam geliebt! Ich habe sogar verschiedene Bohnen mit nach Hause genommen, um zu Hause vietnamesischen Kaffee trinken zu können.

Wenn du einen modernen, stilvollen Ort wie Starbucks magst, dich aber lieber in lokalen Cafés aufhältst, solltest du Highland Coffee (https://www.highlandscoffee.com.vn/) probieren. Sie haben in ganz Vietnam verschiedene Cafés.

13 Saigon / HCMC

Ho-Chi-Minh-Stadt, früher Saigon genannt, ist eine moderne Stadt. Es überraschte mich, dass es Starbucks, McDonalds und all die anderen bekannten Fast-Food-Ketten gab. Andererseits fiel es mir schwer, Street Food zu finden, das besonders schmackhaft war. Leider war der zentrale Markt teurer als jeder andere Ort, den wir in Vietnam besucht hatten und der Verkehr war wieder sehr chaotisch.

Positiv zu vermerken ist, dass der Hotpot sehr lecker war, den wir an unserem letzten Abend im **Asian Kitchen Restaurant** hatten, und dass ich mein Hostel (**Himalaya Phoenix Hostel**) mochte, welches sauber und zentral war und ein kostenloses Frühstück bot.

13.1 Vom Flughafen in die Innenstadt

Das Taxi vom Flughafen zum Zentrum sollte etwa 200k VND betragen.
Hier musst du das gleiche Visumverfahren anwenden, wie ich beim Flughafen von Hanoi erklärt habe. Weitere Informationen zum Visum findest du im Kapitel 2.2.
Du kannst auch mit dem Bus in die Innenstadt fahren. Die leuchtend gelben Busse sind leicht zu finden und sicher. Je nach Route kosten sie zwischen 12k und 40k VND. Route 109 und Route 49 sind gut, um in die Innenstadt zu kommen oder umgekehrt. Sag dem Busfahrer einfach, wo du aussteigen willst.

13.2 Was man in Ho Chi Minh Stadt unternehmen sollte

Hier hast du die Wahl, historische Stätten zu besuchen, etwas über Kultur zu lernen oder in das moderne Leben Vietnams einzutauchen.

Besuche die Post

Du fragst dich nun vielleicht, warum jemand den Besuch einer Post in einem Reiseführer erwähnt. Zunächst einmal ist es ein wunderschönes französisches Kolonialgebäude, in dem man sich leicht vorstellen kann, wie das Leben in den frühen Tagen funktioniert hat. Sobald du hineingehst wirst du vom großen Kuppeldach beeindruckt sein und kannst an den Wänden die Landkarten aus der Kolonialzeit studieren. Daneben gibt es ein großes Porträt von Ho Chi Minh, der den Grundstein für das moderne Vietnam legte.

Ein Spaß für dein Instagram-Profil ist das Fotografieren in den alten Telefonzellen.

Adresse: 2 Cong Xa Paris, Ben Nghe, Bezirk 1, Ho-Chi-Minh-Stadt, geöffnet von 7.00 bis 19.00 Uhr.

Bewundere die Notre Dame Kathedrale

Diese wunderschöne Kathedrale befindet sich direkt neben der zentralen Post und daher kannst du beide Sehenswürdigkeiten leicht miteinander verbinden.
1883 wurde die Kathedrale fertiggestellt und erinnert an den französischen Katholizismus. Die Türme sind 40 m hoch und mit großen Eisenspitzen geschmückt. Zudem ist die rote Backsteinmauer sehr malerisch. Anscheinend haben sie die Ziegel aus Marseille importiert. Im Inneren kannst du neben der ruhigen Atmosphäre auch Gemälde der Jungfrau Maria und wunderschöne Buntglasfenster bewundern.
Im Jahr 2005 wurde eine der Marienstatuen gesehen, wie sie eine Träne vergoss. Seit da kommen viele Gläubige in diese Kathedrale, um Zeuge eines weiteren Wunders zu werden.

Adresse: 1 Cong Xa Paris, Ben Nghe, Bezirk 1, Ho-Chi-Minh-Stadt. Geöffnet von 8 bis 17 Uhr.

Besuche die Giac Lam Pagode

Dieser Tempel sei der älteste in Ho-Chi-Minh-Stadt. Er wurde 1744 erbaut. Sein Name bedeutet „spüre den Wald"-Tempel und daher ist es nicht verwunderlich, dass er sich in einem schönen Garten befindet. Am Eingang findest du einen Bodhi-Baum, der für Buddhisten heilig ist. Er war ein Geschenk eines Mönchs aus Sri Lanka im Jahr 1953.

Adresse: 565 Lạc Long Quân, Phường 10, Tân Bình, Hồ Chí Minh.

Genieße einen Drink und die Aussicht auf dem Bitexco Financial Tower

Dieses Gebäude passt definitiv zum Trend moderner Wolkenkratzer mit Skybars. Das Gebäude ist 262m oder 68 Stockwerke hoch. In der 49. Etage befindet sich das Saigon Skydeck. Komm gegen Sonnenuntergang hierher, um perfekte Fotos von der Stadt zu machen und die atemberaubende Aussicht zu genießen. Währenddessen kannst du einen schönen Cocktail an der Bar genießen. Wenn du hungrig bist, kannst du in einem der Restaurants in der 50. und 51. Etage gehoben essen. Dies ist besonders schön am Abend, wenn die Stadt unten beleuchtet ist.

Adresse: Bitexco Financial Tower, 7, 2 Hải Triều, Bến Nghé, Quận 1, Hồ Chí Minh. Täglich von 8 bis 23 Uhr geöffnet.

Erfahre mehr über die Geschichte im Ho-Chi-Minh-Museum

Dieses Museum hat einige Namensänderungen durchgemacht (vom Gia Long Palast zum Revolutionsmuseum und jetzt zum Ho Chi Minh Museum). Es ist ein hübsches Gebäude und im Inneren findest du Schätze aus Vietnam wie Keramikgeschirr, alte Karten und Kostüme. Natürlich gibt es auch einen Abschnitt über Kriege in Vietnam.

Adresse: 19 Ngách 158/19 Ngọc Hà, Đội Cấn, Ba Baình, Hà Nội. Täglich von 8 bis 12 Uhr und von 14 Uhr bis 16.30 Uhr geöffnet, außer montags und freitags (nur morgens).

Erfahre mehr über den Vietnamkrieg

Wenn du mehr über die gefährlichen Waffen erfahren möchtest, die während des Vietnamkrieges eingesetzt wurden und welche Auswirkungen sie auf die Bevölkerung Vietnams hatten, solltest du dieses gut gemachte und dennoch verstörende Museum besuchen.

Adresse: 28 Vo Van Tan, 3. Bezirk, Ho-Chi-Minh-Stadt. Geöffnet von 7.30 bis 12.30 Uhr und 13.30 bis 17 Uhr.

Krieche durch die Củ Chi-Tunnel

Wenn du noch nicht genug über den Krieg erfahren hast, kannst du die Củ Chi-Tunnel besuchen. Während des Krieges benutzten die Truppen Tunnel, die länger als 250 km waren, um sich unter der Erde zu bewegen. Jetzt kannst du mit einem Führer einen Abschnitt in der Nähe von Ho-

Chi-Minh-Stadt besuchen. Sei gewarnt, dass es dunkel und eng ist und du nur in die Tunnel hineingehen solltest, wenn du nicht klaustrophobisch bist.

Es gibt zwei Möglichkeiten, die Tunnel zu besuchen:

1. Ben Dinh Village

Dies ist das Dorf, in das alle Reisegruppen fahren und daher ist es überfüllt. Außerdem haben sie einige Tunnel rekonstruiert, damit große Leute aus Europa und den USA leichter reinpassen. Das Erlebnis ist also nicht mehr so authentisch, aber du kannst diesen Ort auf einer Halbtages-Tour von HCMC aus leicht besuchen.

2. Ben Duoc

Wenn du einen authentischeren Besuch wünscht, solltest du nach Ben Duoc fahren. Bereite dich auf eine Tagestour vor und beginne zwischen 8.30 und 9.30 Uhr, damit du um 16 oder 17 Uhr zurückkehrst.

Um nach Ben Duoc zu gelangen, nimmst du den Bus Nr. 13 von Saigon Bus THD in der Nähe des Parks vom 23. September (**TĐH xe buýt Sài Gòn**). Der Bus sollte mit Cu Chi gekennzeichnet sein und 7k VND kosten. Fahre bis zur Endstation. Dies dauert ca. 1 Stunde 45 Minuten. Dort steigst du in den Bus 79 um und teilst dem Fahrer mit, dass du bei Ben Duoc Cu Chi aussteigen möchtest. Die Fahrt dauert ca. 25 Minuten und kostet 6k VND.

Wenn du aussteigst, fühlst du dich möglicherweise etwas verloren, da es kein sehr touristischer Ort ist. Frage einfach jemanden oder suche das Eingangsschild zu den Tunneln.

An einem kleinen Stand kannst du das Ticket für 90k VND kaufen, das einen Führer beinhaltet.

Zuerst besuchst du den Ben Duoc Memorial Tempel. Gehe danach den kurzen Weg durch den Wald, bis du den Treffpunkt mit deinem Guide und dem Rest der Gruppe erreichst. Sie warten normalerweise, bis eine Gruppe aus 5 bis 10 Personen entsteht.

Gemeinsam schaut ihr euch eine Dokumentation auf Englisch an (ca. 15 Minuten) und werdet dann von einem sachkundigen Führer zu den Tunneln geführt.

Ich musste mehrmals auf die Knie gehen und kriechen. Es war feucht, dunkel und heiß in den Tunneln und ich machte mir Sorgen über Spinnen und Fledermäuse. Wenn dir diese Art von Erfahrung nicht gefällt, kannst du die Tunnel trotzdem besuchen, da sich in den Tunneln einige größere Räume befinden, die als Krankenhäuser genutzt wurden. Jetzt zeigen Puppen, was sich in diesen Kammern abspielte. Abgesehen von den Tunneln siehst du Bomben, die in der Gegend abgeworfen worden sind und ihre Krater.

Um nach HCMC zurückzukehren, winkst du einfach dem Bus 79 in die Richtung, aus der du gekommen bist und steigst dann wieder in Bus 13 um.

Diese ganze DIY-Tour kannst du für unter 5 US-Dollar erleben.

14 Mekong Delta Tour

Ich habe eine romantische Vorstellung vom Mekong-Delta mit schlammigen Wasserstraßen, grünen Wiesen und langsamen Booten. Daher hätte ich gerne eine Mekong-Tour nach Kambodscha gemacht. Aber erstens hätte diese Reise 3 Tage gedauert und ich hatte keine Zeit mehr dafür und zweitens scheint nur eine sehr kommerzielle Tour verfügbar zu sein. Glaube mir, ich habe in HCMC 2 Stunden damit verbracht, alle Reisebüros und Busunternehmen abzuklappern. Drittens hatte ich bereits das Glück, die Reise mit dem Slow Boat von Thailand nach Laos zu machen (schau dir auch meinen I love Laos-Reiseführer oder I love Thailand an). Das war eine schöne Erfahrung, um mein hektisches Leben zu entschleunigen.

Angesichts dieser drei Punkte habe ich mich jedoch gegen das langsame Boot von Vietnam nach Kambodscha entschieden (stattdessen bin ich mit dem Bus gefahren) und wir machten die eintägige Mekong-Delta-Tour (erster Tag der dreitägigen Tour).

Tipp: Buche alle Touren direkt über ein Busunternehmen und nicht über das Hotel. Am Ende war ich auf der gleichen Tour wie die anderen Gäste in meinem Hostel, bezahlte aber nur 180‘000 VND (anstelle von 250k) und 270k für den Nachtbus (anstelle von 320k).

Wenn du das Slow Boat von HCMC nach Phnom Penh in Kambodscha ohne organisierte Tour nehmen möchtest, musst du das Slow Boat nach **Chau Doc** nehmen und dann eine Nacht in dieser Stadt verbringen. Am nächsten Tag hast du die Wahl zwischen zwei Schnellbooten (zum Beispiel mit Hang Chau Tourist:
www.hangchautourist.vn/?lang=en) und einem Slow Boat.

14.1 Ablauf der eintägigen Mekong-Delta-Tour

Erster Halt: Pagode

Wir wurden um 8 Uhr morgens im Hostel abgeholt und machten uns auf den Weg auf eine 1,5-stündigen Fahrt, um dann an einer schönen, aber sehr überteuerten Raststätte anzuhalten. 10 Minuten später hielten wir an einer Pagode mit einem großen Buddha. Das war schön, weil wir in Vietnam fast keine Pagoden besucht hatten. Dies war eine sehr große mit vielen Statuen und die Mönche beteten und sangen.

Boote und Bienen

Bald darauf stieg unsere ganze Gruppe in ein langes Boot, das uns zur ersten Insel brachte. Das Wasser war wie in meiner Vorstellung gelblich-braun vom Schlamm, aber es gab mehr Häuser zu sehen als grün. Wir stiegen aus, um einen Tee mit Honig von der örtlichen Bienenfarm zu trinken, konnten uns die Bienen ansehen und ein paar getrocknete Früchte probieren. Natürlich hatte man die Möglichkeit, alles zu kaufen. Dasselbe gilt für jeden Stopp.

Obst und Ruderboot

Danach fuhren wir zur zweiten Insel. Wieder saßen wir in einem Restaurant und konnten verschiedene Früchte probieren und einige traditionelle Lieder hören, die sie sangen. Es folgte eine Fahrt mit einem kleinen Ruderboot. Wir wurden entlang eines kleinen Kanals inmitten von

Palmen gesteuert. Das wäre schön gewesen, wäre nicht Boot an Boot aneinandergereiht gewesen, wie bei einer Fahrt im Disneyland.

Mittagessen und Tiermisshandlung

Das Mittagessen war klein, aber lecker. Man hätte einen speziellen Fisch kaufen können, aber ich traute der Sauberkeit von Meeresfrüchten und Wasser nach den vergangenen Erfahrungen in Vietnam immer noch nicht. Wir konnten kostenlos Fahrräder fahren, aber es gab nicht viel zu sehen, also war es das Beste, sich in einer Hängematte zu entspannen. Es gab auch einen Krokodilteich und einen Käfig mit Stachelschweinen. Sie hatten offensichtlich nicht genug Platz und es war ein ziemlich trauriger Anblick. Dasselbe gilt für die Pferdekutschen, die uns später zur Kokosnussfabrik brachten. Die Pferde waren so dünn und schienen viel zu klein, um einen so großen Wagen ziehen zu können. Ich wusste nicht, dass dies in der Tour enthalten war, aber ich hoffe, dass sie diesen Programmpunkt in Zukunft gegen Motorrad-Tuk-Tuks austauschen und diese armen Pferde in Ruhe lassen.

Kokosnuss-Süßwarenfabrik

Unsere letzte Station war die Kokosnussfabrik. Es war eher eine Hütte mit einigen kleinen Maschinen und einer Familie, die die Süßigkeiten in Kisten packte. Natürlich konnten wir die Süßigkeiten degustieren, die wie *Carambar* mit Kokosgeschmack waren.
Dann wurden wir zu unserem Minivan zurückgebracht und kamen nach zwei Stunden wieder in HCMC an.

Der Ausflug war also sehr kommerziell, aber ich mochte die Pagode, die wir besuchten und es war schön, die Kokosnussfabrik zu sehen und mir vorzustellen, wie die Bootsfahrten aussehen würden, wenn sie landeinwärts und ohne all die anderen Touristen wären.
Für mich bestand die Hauptsache darin, dem stickigen HCMC zu entkommen.

15 Nachtbus von Ho Chi Minh nach Phnom Penh

Es ist sehr einfach, einen Transport von HCMC zu einer größeren Stadt in Kambodscha zu finden. Es gibt viele verschiedene Busse und jedes zweite Gebäude in HCMC ist ein Reisebüro.

Trotzdem war ich etwas nervös vor meiner Fahrt mit dem Nachtbus, da die meisten Leute die 6-stündige Tagesfahrt von HCMC nach Phnom Phen (170k VND) machen und ich mich fragte, ob es noch andere weibliche Reisende im Bus haben würde. Ich hatte jedoch nicht mehr genug Zeit, um einen Tagesbus zu nehmen. Nachdem mir zwei vietnamesische Frauen gesagt hatten, dass es sicher ist, buchte ich den Bus für 270‘000 VND.

Ich musste um 23.30 Uhr im Busbüro sein, um die Visa-Informationen auszufüllen (sie brauchten ein Passfoto, aber zum Glück akzeptierten sie mein ausgedrucktes Foto) und ein Mann holte unsere Pässe zusammen mit 35 Dollar ab. Ich glaube, vor 4 Jahren waren es nur 20 Dollar. Keiner von uns trennte sich gerne von den Pässen, aber wir mussten einfach Vertrauen haben.

Auf jeden Fall musste ich mir keine Sorgen wegen der Busfahrt machen, da die Mehrheit der Fahrgäste in meinem Alter und weiblich waren.

Wir bestiegen den Bus um 00.30 Uhr. Dieser hatte zwei Sitzreihen und da der Bus voll war, musste ich neben einer Fremden auf dieser winzigen Fläche schlafen. Wenigstens war es ein nettes, spanisches Mädchen und in der Nacht mit der Klimaanlage war es in Ordnung, aber tagsüber war es einfach zu heiß, um so nahe beieinander zu sitzen.

Gegen 3 Uhr morgens erreichten wir die Grenze und parkten dann drei Stunden vor dem Tor. Ich habe es tatsächlich geschafft, ein wenig zu schlafen. Kurz vor 6 trafen sich Lebensmittelhändler mit ihren Motorrädern um unseren Bus herum und sobald die Grenze um 6 Uhr morgens öffnete, gingen sie in das Grenzgebäude.

Wir wurden geweckt und aufgefordert, auch dort hineinzugehen. Ich war froh, dass ich 3000 VND als Souvenir mit nach Hause nehmen wollte, weil die Toilette 2000 VND kostete.

Eine Gruppe Asiaten erhielt ihre Pässe, aber unser Bus musste noch warten. Keine Ahnung, wo sich unsere Pässe befanden und der Typ, der uns sagte, wir sollten aus dem Bus aussteigen, war ein anderer als am Abend. Endlich erhielten auch wir unsere Pässe. Wir konnten sie nehmen, über die Grenze gehen und mussten sie dann wieder abgeben. Bisher haben wir nur den vietnamesischen Ausreisestempel bekommen. Nun brauchten wir noch das kambodschanische Visum. Wir fuhren zum nächsten Gebäude, stiegen wieder aus und 15 Minuten später durften wir offiziell nach Kambodscha einreisen und erhielten unsere Pässe definitiv zurück.

Es folgten dann 5 anstrengende Stunden in der Hitze. Wir kamen an schönen Feldern und Pfahlbauten und einem sehr breiten Mekong-Fluss vorbei, aber ich wollte nur noch in Phnom Phen ankommen. Da sich jedoch das ganze Phnom Phen im Umbau zu befinden schien, krochen wir in der letzten Stunde wie eine Schnecke vorwärts. Ich dachte darüber nach, auszusteigen und stattdessen ein Motorradtaxi zu nehmen.

Schließlich kamen wir um 13 Uhr an. Ich nehme also an, dass du, wenn du den ersten Bus von HCMC um 6.30 Uhr nimmst, erst ca. um 15.30 Uhr in Phnom Phen ankommen wirst.

16 Strände

Bisher hatten wir Bademöglichkeiten in Cat Ba, Hoi An und Nha Trang. Wenn du jedoch noch nicht genug Zeit am Strand hattest oder ein paar Tage an einem paradiesischen Ort verbringen möchtest, solltest du dir die folgenden drei Strandorte ansehen.

16.1 Mui Ne

Diese Stadt ist ca. 3,5 Stunden von HCMC entfernt. Besucher werden aufgrund der atemberaubenden Sanddünen und der vielen Wassersportarten, wie z.B. Kitesurfen, angezogen. Natürlich ist es auch ein großartiger Ort, um frische Meeresfrüchte zu essen (wenn man der Qualität traut). Im Folgenden findest du einige Dinge, die du in Mui Ne tun kannst.

Genieße einen Sonnenuntergang bei den roten Sanddünen

Du kannst die roten Dünen von Mui Ne leicht mit dem Roller erreichen, da sie sich in der Nähe des Dorfes befinden. Wenn du den Roller geparkt hast, gehst du einfach 5 Minuten die Dünen hinauf und wählst einen guten Ort, um den Sonnenuntergang zu beobachten, der alles in eine noch atemberaubendere Farbe taucht.

Übe dich im Sandboard fahren auf den weißen Sanddünen

Es gibt zwei verschiedene Arten von Dünen in der Nähe von Mui Ne. Die weißen Sanddünen werden dir den Atem rauben, denn es ist, als wärst du plötzlich in der Sahara gelandet. Einheimische nennen die Dünen auch Bau Trang (Weißer See).
Miete ein Sandboard und rutschen eine der Dünen hinunter, bis jedes Loch deiner Kleider mit Sand gefüllt ist. Wenn das zu anstrengend klingt, kannst auch an einer Quad-Tour teilnehmen.

Sei aktiv auf dem Wasser

Natürlich kannst du einfach am Strand entspannen und schwimmen gehen. Andererseits kannst du auch gut Kitesurfen, bei guten Wellenverhältnissen normal Surfen, Schnorcheln, Jetski fahren, SUP und vieles mehr ausprobieren.

16.2 Con Dao

Con Dao ist eine idyllische Insel mit weniger Touristen als andere beliebte Strände in Vietnam. Das Wasser ist klar und gut zum Schwimmen. Einige Riffe bieten zudem die Möglichkeit, eine Schnorcheltour zu buchen.

Wie man nach Con Dao kommt

Mit dem Flugzeug kannst du den Flughafen von Con Dao (VCS) von HCMC oder Can Tho aus erreichen. Schau am besten gleich auf der Webseite von Vietnam Airlines (https://vietnamairline.travel/itinerary/itinerarysearch?sessisess=1fbff169) nach der günstigsten oder schnellsten Option.

Für ca. 200k VND kannst du ein Taxi vom Flughafen in die Stadt Con Dao nehmen oder dein Hotel bitten, dich für ca. 50k VND pro Person mit einem Shuttlebus abzuholen. Du bezahlst den Fahrer direkt und er erwartet dich am Flughafen mit deinem Namen auf einem Schild.

Bitte um einen Fensterplatz, um den herrlichen Blick über die Inseln und das Meer zu genießen.

Mit dem Schiff

Du könntest die Fähre von Vung Tau nehmen, aber anscheinend ist die Fahrt ziemlich ruckelig und viele Leute müssen sich übergeben. Außerdem ist es für Ausländer ziemlich schwierig, ein Ticket zu bekommen, selbst wenn man mehrere Reisebüros fragt. Bei gutem Wetter fährt die Fähre jeden zweiten Tag um 17.00 Uhr und dauert ca. 12

Stunden. Die Fahrt vom Hafen Ben Dam nach Con Dao kostet zwischen 100k und 200k VND pro Person.

Auf der Insel

Mit dem Fahrrad erreichst du viele Strände und Sehenswürdigkeiten. Wenn du zu einem weiter entfernten Strand willst, empfehle ich, ein Taxi zu nehmen, da das Fahren mit einem Roller auf der Insel sehr gefährlich ist und sich das nächste Krankenhaus eine Flugreise entfernt auf dem Festland befindet.

Außer den schönen Stränden kommen vietnamesische Touristen hierher, um den 20'000 Gefangenen, die auf dieser Insel gestorben sind, ihren Respekt zu zollen. Wenn du eines der ehemaligen Gefängnisse besuchen möchtest, nachdem du dich am Strand erholt hast und etwas über die Geschichte erfahren möchtest, kannst du im Gefängnis von Phu Hai oder Phu Son ein Ticket für 60k VND kaufen. Das ist auch für alle anderen Gefängnisse gültig.

16.3 Phu Quoc

Dies ist die berühmteste Insel Südvietnams. Entlang des 19 km langen, weißen Sandstrands Long Beach findest du viele Restaurants und Hotels mit Liegestühlen. Natürlich kannst du auch an vielen Wasseraktivitäten teilnehmen. Das Wasser ist jedoch sehr ruhig und eignet sich am besten zum Schwimmen oder Schnorcheln.
Auch auf Phu Quoc könntest du ein Motorrad mieten, aber ich würde es nicht empfehlen, da Touristen häufig eine Buße erhalten. Wenn du keinen internationalen Führerschein besitzt, kostet dich das 100 USD.

Wie man nach Phu Quoc kommt

Der einfachste Weg nach Phu Quoc ist die Fähre von Ha Tien oder Rach Gia mit Superdong. Man bekommt sogar eine Flasche Wasser und ein heißes, feuchtes Gesichtstuch. Phu Quoc Express ist eine weitere Option. Die Fahrt dauert ca. 2,5 Stunden und kostet ca. 350'000 VND. Buchungsinformationen und Reisezeiten findest du auf der Webseite von Vietnam Oracle:
http://vietnamcoracle.com/phu-quoc-island-ferry-times/

17 Über die Autorin dieses Reiseführers

Seraina reist, wann immer sie kann. Vor ungefähr 14 Jahren (wow, so lange schon) startete sie ihren ersten Reiseblog. Es entwickelte sich zu swissmissontour.com. Wenn Seraina nicht gerade über das Reisen schreibt, sprudelt ihre Fantasie

wie wild und die Worte verwandeln sich in Liebes- und Fantasy-Romane, die sie unter dem Namen S. L. Giger veröffentlicht. Du kannst dir die Bücher auf Amazon anschauen.
Asien hat einen besonderen Platz in Serainas Herz und irgendwie zieht es sie immer wieder zurück. Alles begann mit einer Rucksackreise durch Thailand, was ihrer Meinung nach immer noch eines der perfektesten Urlaubsländer ist. Traumstrände, super leckeres Essen, entspannende Massagen und friedliche Menschen. Nach Thailand folgte der Rest Südostasiens mit einem weiteren Höhepunkt in Myanmar, das einfach so authentisch und nicht touristisch war.
Im Moment sammelt Seraina neue Erfahrungen in Südamerika, wo sie für die nächsten 6 bis 12 Monate auf Entdeckungstour ist. Sie wird neue Insidertipps finden, damit du auch in Lateinamerika eine unbeschwerte Zeit verbringen kannst, falls du jemals hierher kommen möchtest. Aber jetzt konzentrieren wir uns auf Vietnam. Viel Vergnügen auf deiner Reise und trinke einen köstlichen, lokalen Kaffee!

18 Hilfreiche Worte auf Vietnamesisch

Viele Leute in Vietnam sprechen oder verstehen Englisch und deshalb wirst du diese Tabelle wahrscheinlich nicht brauchen. Es ist jedoch immer gut, zumindest die gebräuchlichsten Wörter in einer Landessprache zu verstehen.

Deutsch	**Vietnamesisch**
Hallo	Xin Chao (sin tschau)
Wie geht es dir?	Ban Khoe Khong (ban kwi kong)
Ich bin Vegetarier.	Toi an chay (toi an chayh)
Woher kommst du?	Ban den tu dau (ban den tu dau)
Ich komme aus…	Toi den tu… (toi den tu…)
Ja	Vang /da
Nein	Khong (khom)
Auf Wiedersehen	Tam Biet (tarm byeet)
Wo ist die Toilette?	Nha ve sinh o dau vay?
Danke	Cam on (kahm uhn)
Wie viel kostet das?	Bao nhieu? (Baow nyew)
Sorry	Xin Loi (Sin Loy)

Wie gefiel dir dieser Reiseführer?

Falls dieser Reiseführer hilfreich für dich war, würde es mir viel bedeuten, wenn du eine kurze, positive Rezension auf Amazon hinterlassen würdest. Zudem kannst du dann gleich schauen, welche «I love…» Reiseführer es sonst noch von mir gibt 😊.

Brauchst du noch mehr Informationen?

Falls du noch weitere Informationen brauchst, helfe ich dir gerne soweit es möglich ist. Du kannst mich folgenderweise kontaktieren oder mir auf jenen Kanälen folgen.

(b) www.swissmissontour.com

(i) @swissmissontour

(f) SwissMissOnTour

(w) www.slgigerbooks.wordpress.com

(@) swissmissstories@gmail.com

Weitere Reiseführer von SwissMiss on Tour

Printed in Poland
by Amazon Fulfillment
Poland Sp. z o.o., Wrocław

50938742R00056